필요할 때 통하는 여행 스페인어

신승 저

랭기지플러스

스페인어를 사용하는 나라들

- 미국
- 스페인
- 멕시코
- 쿠바
- 도미니카 공화국
- 푸에르토리코
- 과테말라
- 파나마
- 베네수엘라
- 엘살바도르
- 니카라과
- 코스타리카
- 콜롬비아
- 에콰도르
- 페루
- 브라질
- 볼리비아
- 파라과이
- 칠레
- 아르헨티나
- 우루과이

머리말

해외 여행에 있어서 항상 어려움을 겪는 부분이 바로 '의사소통'입니다. 스페인어는 전 세계 약 24개국에서 모국어로 사용되고 있기 때문에, 그만큼 스페인어를 배워서 편하게 여행할 수 있는 나라도 많습니다.

'필통 여행 스페인어'를 제작하면서 여행자의 입장에서 꼭 필요한 표현과 현지에서 쉽게 구사할 수 있는 표현을 위주로 구성하고자 많은 노력을 하였습니다. 특히, 스페인어는 나라와 지역에 따라 각기 다른 용어로 구사하는 경우가 종종 있어서, 이를 최대한 반영하여 이 책이 유용한 여행 길잡이가 될 수 있도록 제작하였습니다.

실제 여행에서 겪을 수 있는 다양한 상황을 고려하여 스페인어가 서툴러도 현지인과의 원만한 의사소통을 위해 한글 발음을 우선적으로 보기 편리하게 정리하였습니다.

그리고 어려운 문법이나 문장 구조를 벗어나 의미 전달에 꼭 필요한 필수 요소만을 토대로 짧고 간결한 표현들을 위주로 구성하였고, 여행을 떠나기 전 미리 알아두면 유용한 문화도 함께 수록하여 이 책의 활용도를 높였습니다.

여러분, 스페인어를 못해도 괜찮습니다. 여행에 꼭 필요한 스페인어만을 모아 놓은 '필통 여행 스페인어'로 스페인어를 구사하는 여러 나라들로의 여행을 조금 더 알차게 준비할 수 있습니다. 이 책을 통해 여러분의 여행이 보다 재미있고 의미 있는 여행이 되기를 진심으로 기원합니다.

끝으로 이 책이 나오기까지 좋은 의견을 아낌없이 보내주신 랭기지플러스 이효리 과장님, 바쁜 와중에도 녹음 작업에 참여해 주신 Israel 선생님, 항상 저에게 힘이 되어주는 제자들과 사랑하는 가족에게 감사한 마음을 전합니다.

저자 신승

이 책의 사용법

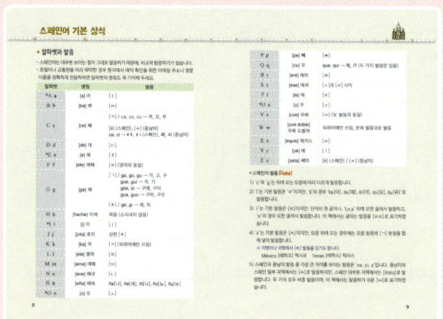

● **스페인어 회화를 위해 꼭 필요한 기본 상식 수록**

기본적으로 알아야 할 스페인어 주어 표현, 강세, 발음, 알파벳을 수록하여 누구라도 쉽게 스페인어를 말할 수 있도록 했습니다.

● **필요한 상황을 바로 찾을 수 있는 인덱스**

각 상황에서 필요한 스페인어를 바로 말할 수 있도록 인덱스를 책의 앞쪽에 배치하여 필요한 표현을 편리하고 빠르게 찾을 수 있도록 했습니다.

● **입에서 바로 튀어나오는 생생한 스페인어 표현**

각 상황에 따라 가장 많이 쓰이는 표현만 엄선하며 구성했습니다. 왼쪽 페이지는 한글 문장, 오른쪽 페이지는 스페인어 문장을 배치하여 필요한 문장을 쉽게 찾아서 바로 말할 수 있습니다.

기본 패턴을 이용해 다양한 내용을 전달할 수 있도록 어휘를 함께 제공합니다. 필요한 어휘만 쏙쏙 뽑아서 문장을 다양하게 활용해 보세요.

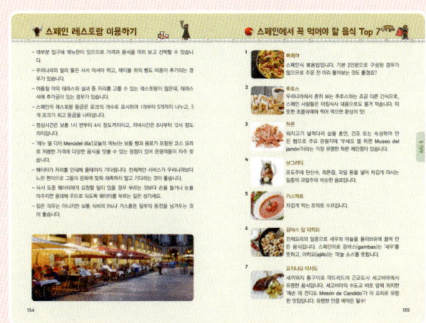

● **재미있는 알짜 스페인&남미 여행 팁!**

스페인&남미 여행 시 유용한 다양한 팁들을 수록했습니다. 재미있게 읽으면서 꼭 필요한 정보를 얻을 수 있습니다.

5

목차

● 스페인어 기본 상식
- 알파벳과 발음 　　　　　　　　　8
- 강세 　　　　　　　　　　　　　10
- 문장 부호 　　　　　　　　　　　10
- 명사의 성 　　　　　　　　　　　10
- 관사 　　　　　　　　　　　　　11
- 스페인어의 주어 　　　　　　　　11
- 빠르게 찾는 인덱스 　　　　　　　12

Capítulo 01 필요할 때 통하는 스페인어
- 1-1 인사하기 　　　　　　　　　38
- 1-2 자기소개하기 　　　　　　　40
- 1-3 대답하기 　　　　　　　　　42
- 1-4 날씨 묻고 말하기 　　　　　　44
- 1-5 친구 사귀기 　　　　　　　　46
- 스페인의 인사법 　　　　　　　48
- 스페인 날씨와 옷차림 　　　　　49

Capítulo 02 기내
- 2-1 좌석 찾기 　　　　　　　　　52
- 2-2 기내식 이용하기 　　　　　　54
- 2-3 기내 서비스 요청하기 　　　　56
- 입국신고서 작성하기 　　　　　58
- 입국신고서 주요 용어 　　　　　59

Capítulo 03 입국
- 3-1 입국 심사 　　　　　　　　　62
- 3-2 수하물 찾기 　　　　　　　　64
- 3-3 세관 신고하기 　　　　　　　66
- 3-4 환전하기 　　　　　　　　　68
- 🖉 환전 시 유의사항 　　　　　　　70
- 3-5 공항 교통 이용하기 　　　　　72
- 나라별 입국 정보 　　　　　　　74

Capítulo 04 교통수단
- 4-1 지하철 이용하기 　　　　　　78
- 4-2 버스 이용하기 　　　　　　　80
- 4-3 택시 이용하기 　　　　　　　82
- 🖉 대중교통 이용하기 　　　　　　84
- 4-4 기차 이용하기 　　　　　　　86
- 4-5 고속버스 이용하기 　　　　　88
- 4-6 렌터카 문의하기 　　　　　　90
- 4-7 렌터카 이용하기 　　　　　　92
- 4-8 길 찾기 　　　　　　　　　　94
- 지구 반대편 남미 여행, 언제가 좋을까? 　　　　　　　96
- 스페인에서 즐기는 독특한 문화 　97

Capítulo 05 숙박
- 5-1 예약하기 　　　　　　　　　100
- 🖉 숙박시설 고르는 방법 　　　　102
- 5-2 체크인하기 　　　　　　　　104
- 5-3 서비스 요청 및 문의하기 　　106
- 5-4 불편사항 말하기 　　　　　　108
- 5-5 체크아웃하기 　　　　　　　110
- 5-6 호스텔 이용하기 　　　　　　112
- 숙박시설 종류 　　　　　　　　114

Capítulo 06 식사

6-1	자리 요청하기	118
6-2	레스토랑에서 주문하기 (1)	120
6-3	레스토랑에서 주문하기 (2)	122
🖉	메뉴판 한 눈에 읽기	124
6-4	카페에서 주문하기	126
6-5	패스트푸드점에서 주문하기	128
6-6	서비스 요청 및 불편사항 말하기	130
6-7	계산하기	132
•	스페인 레스토랑 이용하기	134
•	스페인에서 꼭 먹어야 할 음식 Top 7	135

Capítulo 07 관광

7-1	투어 문의하기 (1)	138
7-2	투어 문의하기 (2)	140
7-3	관광지 방문하기 (1)	142
7-4	관광지 방문하기 (2)	144
🖉	스페인, 여기는 꼭!	146
7-5	축구 경기 관람하기	148
•	스페인 관광지별 Tip!	150
•	남미 관광지별 Tip!	151

Capítulo 08 쇼핑

8-1	둘러보기	154
8-2	제품 문의하기	156
8-3	착용하기	158
8-4	구입하기 (1)	160
8-5	구입하기 (2)	162
8-6	교환 및 환불하기	164
8-7	시장&마트 이용하기	166

• 스페인과 남미의 쇼핑 아이템	168
• 스페인 쇼핑 Tip!	169

Capítulo 09 위급상황

9-1	분실	172
9-2	도난	174
9-3	기타 위급상황	176
9-4	병원&약국 이용하기 (1)	178
9-5	병원&약국 이용하기 (2)	180
9-6	병원&약국 이용하기 (3)	182
•	여행 시 주의 사항	184
•	고산병이 걸린다면?	185

Capítulo 10 귀국

10-1	항공편 예약하기	188
10-2	항공편 예약 변경 및 취소하기	190
10-3	공항 체크인하기	192
10-4	공항 비상상황	194
•	세금 환급(Tax Refund)	196
•	국가별 응급 번호	197

● 부록

• 숫자	200
• 시간	202
• 요일&날짜&기간	203
• 색깔	204
• 나라 이름	205
• 자주 보이는 안내판&표지판	206

스페인어 기본 상식

● 알파벳과 발음

- 스페인어는 대부분 보이는 철자 그대로 발음하기 때문에, 비교적 발음하기가 쉽습니다.
- 호텔이나 교통편을 미리 예약한 경우 현지에서 예약 확인을 위한 이메일 주소나 영문 이름을 정확하게 전달하려면 알파벳의 명칭도 꼭 기억해 두세요.

알파벳	명칭	발음
*A a	[a] 아	[ㅏ]
B b	[be] 베	[ㅂ]
C c	[ce] 쎄	[ㄲ] / ca, co, cu → 까, 꼬, 꾸
		[θ] (스페인), [ㅆ] (중남미) ce, ci → θ에, θ이 (스페인), 쎄, 씨 (중남미)
D d	[de] 데	[ㄷ]
*E e	[e] 에	[ㅔ]
F f	[efe] 에페	[ㅍ] (영어와 동일)
G g	[ge] 헤	[ㄱ] / ga, go, gu → 가, 고, 구 gue, gui → 게, 기 güe, güi → 구에, 구이 gua, guo → 구아, 구오
		[ㅎ] / ge, gi → 헤, 히
H h	[hache] 아체	묵음 (소리내지 않음)
*I i	[i] 이	[ㅣ]
J j	[jota] 호따	강한 [ㅎ]
K k	[ka] 까	[ㄲ] (외래어에만 쓰임)
L l	[ele] 엘레	[ㄹ]
M m	[eme] 에메	[ㅁ]
N n	[ene] 에네	[ㄴ]
Ñ ñ	[eñe] 에녜	ña[냐], ñe[녜], ñi[니], ño[뇨], ñu[뉴]
*O o	[o] 오	[ㅗ]

P p	[pe] 뻬	[ㅃ]
Q q	[cu] 꾸	que, qui → 께, 끼 (두 가지 발음만 있음)
R r	[ere] 에레	[ㄹ]
S s	[ese] 에세	[ㅅ]과 [ㅆ] 사이
T t	[te] 떼	[ㄸ]
*U u	[u] 우	[ㅜ]
V v	[uve] 우베	[ㅂ] ('b' 발음과 동일)
W w	[uve doble] 우베 도블레	외래어에만 쓰임, 본래 발음대로 발음
X x	[equis] 에끼스	[ㅆ]
Y y	[ye] 예	[ㅣ]
Z z	[zeta] 쎄따	[θ] (스페인) / [ㅆ] (중남미)

* **스페인어 발음 Point!**

1) c와 g는 뒤에 오는 모음에 따라 다르게 발음합니다.

2) l는 기본 발음은 'ㄹ'이지만, ll의 경우 lla[야], lle[예], lli[이], llo[요], llu[유]로 발음합니다.

3) r는 기본 발음은 [ㄹ]이지만, 단어의 첫 글자나 l,n,s 뒤에 오면 굴려서 발음하고, rr의 경우 또한 굴려서 발음합니다. 이 책에서는 굴리는 발음을 [ㄹㄹ]로 표기하였습니다.

4) x는 기본 발음은 [ㅆ]이지만, 모음 뒤에 오는 경우에는 모음 발음에 [ㄱ] 받침을 함께 넣어 발음합니다.

   ※ 지명이나 국명에서 [ㅎ] 발음을 갖기도 합니다.
   México [메히꼬] 멕시코   Texas [떼하스] 텍사스

5) 스페인과 중남미 발음 중 가장 큰 차이를 보이는 발음은 ce, ci, z입니다. 중남미와 스페인 일부 지역에서는 [ㅆ]로 발음하지만, 스페인 대부분 지역에서는 [θ(th)]로 발음합니다. 두 가지 모두 바른 발음이며, 이 책에서는 발음하기 쉬운 [ㅆ]로 표기하였습니다.

스페인어 기본 상식

● 강세

- 스페인어는 모든 단어에 강세가 있고, 해당 모음은 높게 읽습니다. 이 책에서는 강세에 해당하는 한국어 독음을 진하게 표시하였습니다.
- 강세의 위치에 따라 의미가 변하는 경우도 있으므로 주의해야 합니다.

1) 모음과 자음 n, s로 끝나는 단어: 끝에서 두 번째 모음에 강세
   España [에스**빠**냐] 스페인   lunes [**루**네쓰] 월요일   joven [**호**벤] 젊은이

2) n, s 이외의 자음으로 끝나는 단어: 마지막 모음에 강세
   Madrid [마드**릳**] 마드리드   español [에스빠**뇰**] 스페인어

   ※ 규칙 1)과 2)를 벗어난 경우는 ´(강세부호)를 표시합니다.
   café [까**페**] 커피   habitación [아비따씨**온**] 방

● 문장 부호

- 의문문에는 ¿와 ?, 감탄문에는 ¡와 ! 부호가 문장 앞뒤에 각각 옵니다.

¡Hola! [올라] 안녕!
¿Perdón? [뻬르돈] 뭐라고요?

● 명사의 성

- 스페인어의 모든 명사는 남성과 여성으로 구분됩니다.
- 자연적으로 성이 구분되는 명사는 그에 따르고, 성별에 따라 성을 바꿀 수 있습니다.
- 사물의 성은 고정되어 있습니다.
- 남성 명사는 주로 -o로, 여성 명사는 -a로 끝납니다. 하지만, 모든 명사가 이를 따르는 것은 아니므로 주의해야 합니다.

> **ex** casa [**까**사] 집(여성명사)   libro [**리**브로] 책(남성명사)
> pasaporte [빠싸**뽀**르떼] 여권(남성명사)   hotel [오**뗄**] 호텔(남성명사)

● 관사

정관사	단수	복수
남성	el	los
여성	la	las

부정관사	단수	복수
남성	un	unos
여성	una	unas

※ 남성 단수 정관사 el의 경우 전치사 a(~로)와 de(~의) 뒤에 오면 각각 al과 del로 줄여 씁니다.

● 스페인어의 주어

	단수	복수
1인칭	Yo 나	Nosotros / Nosotras 우리들
2인칭	Tú 너	Vosotros / Vosotras 너희들
3인칭	Él, Ella, Usted 그, 그녀, 당신	Ellos, Ellas, Ustedes 그들, 그녀들, 당신들

- 3인칭의 Usted은 Ud.으로, Ustedes는 Uds.로 줄여 씁니다.

- Tú 와 Ud. 차이점
  1) Tú: 나이가 비슷하거나 친한 사이, 가족 간에 사용하는 비형식적인 주어
  2) Ud.: 나보다 나이가 많거나 처음 만나는 사이에 사용하는 형식적인 주어

- Nosotros 와 Nosotras 차이점
  1) Nosotros: 남성으로만 구성된 집단, 남녀 혼성으로 구성된 집단
  2) Nosotras: 여성으로만 구성된 집단
  3) Vosotros, Vosotras도 동일

- 스페인어의 동사는 주어의 인칭과 문장의 시제에 따라 변형하므로, 3인칭을 제외한 나머지 주어는 대부분 생략합니다.

1-1 인사하기 38

❶ 안녕하세요? / 안녕?

❷ 만나서 반갑습니다.

❸ 어떻게 지내세요?

❹ 저는 잘 지내요.

❺ 실례합니다. / 죄송합니다.

❻ 안녕히 가세요. / 잘 가.

❼ 나중에 만나요.

1-2 자기소개하기 40

❶ 제 이름은 민수입니다.

❷ 성함이 어떻게 되세요?

❸ 저는 25살입니다.

❹ 나이가 어떻게 되세요?

❺ 저는 한국에서 왔어요.

❻ 어디에서 오셨나요?

❼ 저는 회사원입니다.

❽ 직업이 무엇입니까?

1-3 대답하기 42

❶ 예. / 아니요.

❷ 알겠습니다.

❸ 이해하지 못했어요.

❹ 괜찮습니다.

❺ 잠깐만요.

❻ 고맙지만 사양할게요.

❼ 다시 한 번 말씀해 주세요.

❽ 천만에요.

1-4 날씨 묻고 말하기 44

❶ 오늘 날씨가 어때요?

❷ 날씨가 좋네요.

❸ 날씨가 좋지 않네요.

❹ 날씨가 더워요.

❺ 날씨가 추워요.

❻ 비가 와요.

❼ 바람이 불어요.

❽ 건조해요.

1-5 친구 사귀기 46

❶ (여성에게) 예뻐요.
   (남성에게) 멋있어요.

❷ 친절하시네요.

❸ 편하게 말 놓으세요.

❹ 함께 식사하러 갈까요?

❺ 술 한잔하러 갈까요?

❻ 만나서 즐거웠습니다.

❼ 계속 연락하고 지냅시다.

❽ 나중에 또 만나요.

2-1 좌석 찾기 52

❶ 제 자리를 찾고 있습니다.

❷ 탑승권을 보여주시겠습니까?

❸ 이쪽으로 오세요.

❹ 지나가도 될까요?

❺ 실례합니다만, 여기는 제 자리입니다.

❻ 자리 좀 바꿔 주실 수 있나요?

❼ 짐 놓을 공간이 없네요.

❽ 의자 좀 앞으로 세워주실래요?

2-2 기내식 이용하기 54

❶ 식사는 언제 제공되나요?

❷ Q: 치킨과 생선 중 어떤 것으로 하시겠습니까?
A: 치킨으로 할게요.

❸ 음료는 어떤 게 있나요?

❹ 물 한 잔 주세요.
물 한 잔 얼음과 함께 주세요.

❺ Q: 커피 더 드릴까요?
A: 네, 감사합니다. / 아니요, 괜찮습니다.

❻ 이것 좀 가져가 주세요.

2-3 기내 서비스 요청하기　　　　　　　　　56

❶ 안대 하나 가져다주실래요?

❷ 면세품을 사고 싶습니다.

❸ 이것은 어떻게 사용하나요?

❹ 모니터가 작동하지 않네요.

❺ 이 서류를 어떻게 작성하는지 알려주세요.

❻ 볼펜 좀 빌려주실래요?

❼ 멀미를 조금 해요.

❽ 멀미약 있나요?

3-1 입국 심사　　　　　　　　　62

❶ 여권을 보여주세요.

❷ 귀국편 항공권을 가지고 있나요?

❸ Q: 방문 목적이 무엇인가요?
　　A: 여행 목적으로 왔어요.

❹ Q: 얼마나 머무를 예정입니까?
　　A: 일주일 동안 머무를 예정입니다.

❺ Q: 어디에 머무를 예정입니까?
　　A: 플라자 호텔에 머무를 예정입니다.

3-2 수하물 찾기　　　　　　　　　64

❶ 수하물은 어디서 찾나요?

❷ 어느 항공편으로 오셨습니까?

❸ 이것이 제 수하물 확인증입니다.

❹ 3번 컨베이어 벨트로 가세요.

❺ 제 수하물을 못 찾았습니다.

❻ 분실물 센터가 어디 있나요?

❼ 제 가방은 빨간색입니다.

❽ 제 가방이 망가졌네요.

3-3 세관 신고하기 66

❶ 신고할 물건이 있습니까?

❷ 신고할 게 없습니다.

❸ 이것을 신고해야 합니다.

❹ Q: 가방은 몇 개나 가지고 있나요?
　A: 두 개입니다.

❺ 가방 안에는 무엇이 있나요?

❻ 이 가방을 열어주세요.

❼ 친구한테 줄 선물입니다.

❽ 개인 소지품입니다.

3-4 환전하기 68

❶ 환전소가 어디 있나요?

❷ 달러를 유로로 바꾸고 싶습니다.

❸ 환율이 어떻게 되나요?

❹ 수수료가 얼마인가요?

❺ 소액권으로 주세요.

❻ 영수증 주세요.

❼ 계산이 잘못된 것 같습니다.

3-5 공항 교통 이용하기　　　　　　　　　72

① 시내로 가는 버스는 어디서 타나요?

② 택시 정류장은 어디인가요?

③ 막차는 언제 있나요?

④ 표는 어디서 사나요?

⑤ 표 가격은 얼마인가요?

⑥ 미란다 호텔 가나요?

⑦ 시내까지 얼마나 걸리죠?

⑧ 이제 시내에 도착한건가요?

4-1 지하철 이용하기　　　　　　　　　78

① 가까운 지하철역이 어디 있나요?

② 지하철 노선도가 필요해요.

③ 솔광장을 가려면 몇 호선을 타야 하나요?

④ 람블라스 거리로 가려면 어디서 내려야 하나요?

⑤ 어디서 환승해야 합니까?

⑥ 다음 역이 어디죠?

⑦ 스페인 광장으로 가는 출구는 어디죠?

⑧ 오페라 역에서 2호선으로 갈아타세요.

4-2 버스 이용하기　　　　　　　　　80

① 버스 정류장이 어디 있나요?

② 13번 버스는 어디서 탈 수 있나요?

③ 어느 버스가 대성당까지 가나요?

④ 25번 버스를 타세요.

⑤ 구엘 공원 근처를 지나나요?

⑥ 마요르 광장까지 몇 정거장 남았죠?

⑦ 이번 정류장이 알람브라 궁전인가요?

⑧ 여기서 내릴게요.

4-3 택시 이용하기 82

① 택시를 불러주세요.

② 공항까지 요금은 얼마인가요?

③ 미터기로 가나요?

④ 파라도르까지 가 주세요.

⑤ 이 주소로 가 주세요.

⑥ 빨리 가 주세요.

⑦ 여기 세워 주세요.

⑧ Q: 얼마인가요?
A: 20유로입니다.

4-4 기차 이용하기 86

① 세비야행 기차는 몇 시에 출발하나요?

② 마드리드행 일반석 표 두 장 주세요.

③ 편도티켓 한 장 주세요.

④ 이 패스로 기차를 탈 수 있나요?

⑤ 이 기차는 어느 승강장에서 출발하나요?

⑥ 이 기차는 코르도바에 정차하나요?

❼ 기차를 잘못 탔습니다.

❽ 역을 지나쳤습니다.

4-5 고속버스 이용하기 88

❶ 세고비아행 버스는 얼마나 자주 있나요?

❷ 그라나다까지 얼마나 걸리나요?

❸ 똘레도행 오픈티켓 한 장 주세요.

❹ 말라가행 버스는 어디서 타나요?

❺ 여기서 얼마나 정차하나요?

❻ 돌아오는 버스는 어디서 타나요?

❼ 돌아오는 표를 바꾸고 싶습니다.

4-6 렌터카 문의하기 90

❶ 차를 3일간 렌트하고 싶습니다.

❷ 카탈로그를 볼 수 있을까요?

❸ 오토로 원합니다.

❹ 하루에 얼마인가요?

❺ 종합 보험을 들고 싶습니다.

❻ 한국어 지원이 되는 내비게이션인가요?

❼ 목적지에서 차를 반납할 수 있나요?

❽ 렌트하기 전에 차를 좀 볼 수 있나요?

4-7 렌터카 이용하기 92

① 이 근처에 주유소 있나요?

② 가솔린으로 30유로 넣어주세요.

③ 이 도로는 일방통행인가요?

④ 주차는 어디에 할 수 있나요?

⑤ 이 도로 이름이 뭐예요?

⑥ 면허증 보여주세요.

⑦ 차가 고장이 났습니다.

⑧ 시동이 걸리지 않네요.

4-8 길 찾기 94

① 이 주소로 어떻게 가나요?

② 걸어갈 수 있나요?

③ 실례합니다만, 슈퍼마켓을 찾고 있습니다.

④ 광장으로 가려면 더 가야 하나요?

⑤ 계속 직진하세요.

⑥ 모퉁이에서 좌회전하세요.

⑦ 지도에 표시해 주실래요?

⑧ 길을 잃었습니다.

5-1 예약하기 100

❶ 2박 묵을 방 하나를 예약하고 싶습니다.

❷ 빈 방이 있나요?

❸ 싱글룸으로 주세요.

❹ 몇 박을 묵으실 건가요?

❺ 1박에 얼마죠?

❻ 더 저렴한 방은 없나요?

❼ 조식 서비스도 있나요?

❽ 지금 바로 이용 가능한가요?

5-2 체크인하기 104

❶ ○○ 이름으로 방 하나를 예약했습니다.

❷ 전망 좋은 방으로 주세요.

❸ 방에 귀중품 보관함이 있나요?

❹ 와이파이 비밀번호가 뭐죠?

❺ 조식이 포함되어 있나요?

❻ 몇 시에, 어디서 조식을 먹나요?

❼ 더 큰 방은 없나요?

❽ 짐을 방으로 옮겨 주실래요?

5-3 서비스 요청 및 문의하기 106

❶ 수건이 하나 더 필요해요.

❷ 헤어 드라이기를 쓸 수 있나요?

❸ 수영장은 몇 시까지 이용할 수 있나요?

❹ 청소는 나중에 부탁드립니다.

❺ 난방은 어떻게 끄나요?

❻ 근처에 좋은 레스토랑을 추천해 주실래요?

❼ 방 열쇠를 보관해 주시겠어요?

❽ 8시에 모닝콜 해주세요.

5-4 불편사항 말하기　　　　　　　　　　　　108

❶ 세면대가 막혔습니다.

❷ 방이 너무 시끄러워요.

❸ 방을 바꾸고 싶습니다.

❹ 따뜻한 물이 나오지 않네요.

❺ 수도꼭지에서 물이 새요.

❻ TV가 작동하지 않네요.

❼ 열쇠를 안에 두고 나왔습니다.

❽ 시트가 더러워요.

5-5 체크아웃하기　　　　　　　　　　　　110

❶ Q: 체크아웃이 몇 시인가요?
　 A: 12시까지입니다.

❷ 지금 체크아웃 할게요.

❸ Q: 방 번호가 어떻게 되나요?
　 A: 202호입니다.

❹ 이 요금은 무엇인가요?

❺ 하루 더 머무르고 싶습니다.

❻ 3시까지 짐을 이곳에 보관할 수 있나요?

❼ 택시를 불러주세요.

❽ 짐을 찾으러 왔습니다.

5-6 호스텔 이용하기　　112

❶ 주방을 이용할 수 있나요?

❷ 방에 개별 옷장이 있나요?

❸ 방 종류는 어떤 게 있죠?

❹ 남녀공용 침실이 있나요?

❺ 개별 욕실인가요?

❻ 세탁은 어디서 하나요?

❼ 무료 인터넷이 제공되나요?

6-1 자리 요청하기　　118

❶ Q: 예약하셨나요?
A: 네, ○○ 이름으로 예약했습니다. / 아니요, 안했습니다.

❷ 야외 테이블에 자리가 있나요?

❸ Q: 몇 분이신가요?
A: 두 명이 앉을 자리로 주세요.

❹ 금연석으로 주세요.

❺ 창가 쪽으로 앉고 싶어요.

❻ 여기 앉아도 되나요?

❼ 테이블 좀 치워 주실래요?

❽ 대기자 명단에 넣어 주실래요?

6-2 레스토랑에서 주문하기 (1)   120

❶ (영어로 된) 메뉴판 주세요.

❷ 추천해 주실 만한 음식이 있나요?

❸ 두 명이 먹기에 충분한 양인가요?

❹ 오늘의 수프는 어떤 거죠?

❺ 오늘의 메뉴를 주문하고 싶습니다.

❻ 전채 요리로 샐러드를 주세요.

❼ 메인 요리로 빠에야를 주세요.

❽ 후식으로 플란을 주세요.

6-3 레스토랑에서 주문하기 (2)   122

❶ Q: 마실 것은 무엇으로 하시겠습니까?

    A: 음료는 상그리아로 할게요.

❷ 무알콜 음료로 주세요.

❸ 이 음식에 맞는 와인을 추천해 주실래요?

❹ Q: 고기는 어떻게 해드릴까요?

    A: 미디엄으로 해주세요.

❺ 이 소스는 맵나요?

❻ 조금 덜 맵게 해주세요.

❼ 조금 덜 짜게 해주세요.

❽ 고수는 빼주세요.

6-4 카페에서 주문하기 126

① 카페라떼 한 잔 주세요.

② 초코 셰이크 한 잔 주세요.

③ 딸기 스무디 한 잔 주세요.

④ 아이스로 주세요.

⑤ 시럽을 더 넣어주세요. (시럽은 빼주세요.)

⑥ Q: 사이즈는 어떤 걸로 드릴까요?
　A: 작은 걸로 주세요.

⑦ 얼음을 좀 더 주실래요?

6-5 패스트푸드점에서 주문하기 128

① 세트 메뉴 5번 주세요.

② 햄버거랑 콜라 큰 거 하나 주세요.

③ 핫도그랑 감자튀김 주세요.

④ Q: 드시고 가시나요? 가져가시나요?
　A: 여기서 먹을게요. / 가져갈게요.

⑤ 셀프서비스인가요?

⑥ 선불인가요?

⑦ 머스터드는 빼고 주세요.

6-6 서비스 요청 및 불편사항 말하기 130

① 주문을 변경할 수 있을까요?

② 더 기다려야 되나요?

③ 이건 제가 주문한 게 아닙니다.

④ 포크 좀 가져다주실래요?

❺ 조금 더 데워 주실래요?

❻ 고기가 너무 익었어요.

❼ 음식이 탔네요.

❽ 컵이 더러워요.

6-7 계산하기   132

❶ 계산서 주세요.

❷ 자리에서 계산하나요?

❸ 총 얼마예요?

❹ 팁이 포함된 금액인가요?

❺ 봉사료가 포함된 금액인가요?

❻ 신용카드로 지불할 수 있나요?

❼ 금액이 잘못된 것 같네요.

❽ 잔돈은 괜찮습니다.

7-1 투어 문의하기 (1)   138

❶ 관광 안내소가 어디 있나요?

❷ 도시 지도를 주실 수 있나요?

❸ 한국어로 된 안내책자가 있습니까?

❹ 가 볼 만한 곳을 가르쳐 주실래요?

❺ 이 지도에 표시해 주세요.

❻ 투어 일정표를 보고 싶습니다.

❼ 추천할 만한 투어 프로그램이 있나요?

❽ 투어에 어떤 게 포함되죠?

7-2 투어 문의하기 (2) — 140

❶ 투어는 얼마나 소요되나요?

❷ Q: 몇 시에 출발하나요?
　 A: 아침 8시에 출발합니다.

❸ 어디서 출발하나요?

❹ 투어 중간에 잠깐 여유가 있나요?

❺ 날씨가 좋지 않으면 취소되나요?

❻ 이 투어로 예약하고 싶습니다.

❼ 투어 요금은 1인당 얼마죠?

❽ 학생 할인은 안 되나요?

7-3 관광지 방문하기 (1) — 142

❶ 매표소는 어디 있나요?

❷ 한국어로 된 오디오 가이드가 있습니까?

❸ 관람시간이 어떻게 되나요?

❹ 인터넷으로 예매했어요.

❺ (오디오 가이드 포함) 입장료는 얼마인가요?

❻ 물품보관함이 있나요?

❼ 예매했는데, 줄은 안서도 되나요?

❽ 입구는 어디 있나요?

7-4 관광지 방문하기 (2) — 144

❶ 화장실은 어디 있나요?

❷ 여기서 사진 찍을 수 있나요?

❸ 플래시를 사용해도 되나요?

❹ 저랑 함께 사진 찍으실래요?

❺ 사진 찍어주실래요?

❻ (사진기에서) 여기를 누르세요.

❼ 기념품은 어디서 사나요?

❽ 영어로 진행하는 박물관 안내 서비스가 있나요?

7-5 축구 경기 관람하기   148

❶ 경기장과 가까운 자리로 주세요.

❷ 두 장 연석으로 주세요.

❸ 경기가 몇 시에 시작하나요?

❹ 몇 시부터 입장할 수 있나요?

❺ 이것을 가지고 입장할 수 있나요?

❻ 축구 유니폼은 어디서 살 수 있나요?

❼ 이곳은 무슨 줄인가요?

❽ 이 자리는 어디인가요?

8-1 둘러보기   154

❶ 의류 코너는 어디 있나요?

❷ 화장품 코너는 몇 층인가요?

❸ 스페인의 특색이 있는 것을 사고 싶습니다.

❹ 쇼윈도에 있는 재킷을 보고 싶습니다.

❺ 이것 좀 보여주세요.

❻ 다른 스타일이 있나요?

❼ 이 모델로 다른 색상이 있나요?

❽ 그냥 둘러보는 중입니다.

8-2 제품 문의하기　　　　　　　　156

❶ 어떤 소재로 만든 건가요?

❷ 어떻게 작동하나요?

❸ 이것은 어디에 쓰는 건가요?

❹ 보증서가 있나요?

❺ 가장 인기 있는 품목이 어떤 거죠?

❻ 민감성 피부용인가요?

❼ 추천해 주실 브랜드가 있나요?

❽ 할인 중인가요?

8-3 착용하기　　　　　　　　158

❶ 제 사이즈를 모르겠어요.

❷ 사이즈 조견표가 있나요?

❸ 제 사이즈는 M입니다.

❹ 탈의실은 어디 있나요?

❺ 입어 봐도(신어 봐도, 사용해 봐도) 될까요?

❻ 사이즈가 딱 맞네요.

❼ 조금 큰 것 같아요.

❽ 한 사이즈 큰 걸로 주세요.

8-4 구입하기 (1)　　　　　　　　160

❶ 이걸로 할게요.

❷ 계산대는 어디 있나요?

❸ 다해서 얼마죠?

❹ 할인된 가격인가요?

❺ 할인은 안 되나요?

❻ 비싸네요.

❼ 할인카드를 가지고 있습니다.

❽ 세금 환급(tax refund)을 받을 예정입니다.

8-5 구입하기 (2)   162

❶ 새 제품으로 주세요.

❷ 품절입니다.

❸ 미국 달러로 지불해도 되나요?

❹ 각각 포장해 주세요.

❺ 쇼핑백 하나 주세요.

❻ 계산이 잘못된 것 같아요.

❼ 영수증 주세요.

8-6 교환 및 환불하기   164

❶ 환불할 수 있나요?

❷ 사이즈를 교환하고 싶습니다.

❸ 여기 영수증 있습니다.

❹ 교환이나 환불은 안 됩니다.

❺ 여기 얼룩이 있어요.

❻ 이 부분이 망가졌어요.

❼ 전혀 작동하지 않아요.

8-7 시장&마트 이용하기 166

❶ 가까운 슈퍼마켓이 어디 있나요?

❷ 사과 1킬로 당 얼마예요?

❸ 1킬로 주세요.

❹ 이거 뭐예요?

❺ 낱개로도 판매하나요?

❻ 유제품 코너가 어디 있나요?

❼ Q: 더 필요한 거 있으세요?
   A: 아니요, 없습니다.

❽ 얼마예요?

9-1 분실 172

❶ 여권을 분실했습니다.

❷ 택시에 가방을 두고 내렸습니다.

❸ 분실물 센터가 어디 있나요?

❹ 어디서 분실했는지 모르겠어요.

❺ 여행자 보험에 가입되어 있습니다.

❻ 분실증명서를 써주세요.

❼ 가방 안에 여권과 돈이 있습니다.

❽ 제 지갑은 검은색이에요.

9-2 도난 174

❶ 도와주세요!

❷ 도둑이야!

❸ 경찰 좀 불러주세요.

❹ 가까운 경찰서가 어디 있나요?

❺ 가방을 도난당했습니다.

❻ 마요르 광장에서 휴대폰을 도난당했습니다.

❼ 도난 신고를 하고 싶습니다.

❽ 영어할 줄 아는 사람 있나요?

9-3 기타 위급상황 176

❶ 불이야!

❷ 문제가 생겼어요.

❸ 사고가 있었어요.

❹ 제 잘못이 아닙니다.

❺ 휴대폰을 빌릴 수 있을까요?

❻ 한국 대사관에 연락해 주세요.

❼ ATM기기에 제 카드가 걸렸어요.

❽ 필요시 이 번호로 연락주세요.

9-4 병원&약국 이용하기 (1) 178

❶ 몸이 별로 좋지 않아요.

❷ (아픈 부위를 가리키며) 여기가 아파요.

❸ 열이 나요.

❹ 기침을 해요.

❺ 설사를 해요.

❻ 머리가 아파요.

❼ 아파서 움직일 수가 없네요.

❽ 여기가 가려워요.

9-5 병원&약국 이용하기 (2) 180

❶ 콧물이 나와요.

❷ 감기에 걸렸어요.

❸ 화상을 입었어요.

❹ 고산병인 것 같아요.

❺ 제 혈액형은 A형입니다.

❻ 약국은 어디 있나요?

❼ 베드버그[빈대]에 물린 곳에 바르는 약이 필요합니다.

❽ 아스피린 주세요.

9-6 병원&약국 이용하기 (3) 182

❶ 소화제 주세요.

❷ 어떻게 복용하나요?

❸ 과음을 했어요.

❹ 구급차를 불러주세요.

❺ 토했어요.

❻ 식후 하루 세 번 두 알씩 드세요.

❼ 밴드 하나 주세요.

❽ 진단서를 작성해 주세요.

10-1 항공편 예약하기　　　　　　　　　　　　　　　188

① 마드리드에서 서울까지 가는 항공편을 예약하고 싶습니다.

② 5월 2일 오전 항공편으로 있나요?

③ 직항이 있나요?

④ 경유지를 한 번 지나는 비행기만 있습니다.

⑤ 출발 시간은 몇 시인가요?

⑥ 도착 시간은 몇 시인가요?

⑦ 다음 비행기는 언제 출발 하나요?

⑧ 예약을 확인하고 싶습니다.

10-2 항공편 예약 변경 및 취소하기　　　　　　　　190

① 예약을 변경하고 싶습니다.

② 예약을 취소하고 싶습니다.

③ 여기 예약코드가 있습니다.

④ 출발 날짜를 변경하고 싶습니다.

⑤ 더 늦은 비행기로 변경하고 싶습니다.

⑥ 예약 변경에 따른 수수료가 있나요?

⑦ 제 개인 정보를 변경할 수 있나요?

10-3 공항 체크인하기　　　　　　　　　　　　　　192

① OO 항공 카운터는 어디 있나요?

② 창가 좌석으로 부탁합니다.

③ 앞자리로 부탁합니다.

④ 이것을 가지고 탑승하고 싶습니다.

❺ 각 수하물의 허용 무게는 얼마죠?

❻ 24번 탑승구는 어디 있나요?

❼ 어느 터미널로 가야하나요?

10-4 공항 비상상황 194

❶ 그라나다로 가는 연결 편을 놓쳤습니다.

❷ OO항공편이 취소되었습니다. 어떻게 하나요?

❸ 탑승권을 잃어버렸습니다.

❹ 서울로 가는 OO항공편이 지연되었습니다.

❺ 얼마나 지연되나요?

❻ 터미널을 잘못 왔습니다.

❼ 지연에 대한 보상은 없나요?

스페인 발렌시아

Capítulo 1

필요할 때 통하는 스페인어

- 1-1 인사하기
- 1-2 자기소개하기
- 1-3 대답하기
- 1-4 날씨 묻고 말하기
- 1-5 친구 사귀기

- 스페인의 인사법
- 스페인 날씨와 옷차림

🌼 필요할 때 통하는 단어

남/여학생	회사원	선생님
에스뚜디안떼	오피씨니스따	(남) 쁘로페쏘르
estudiante	**oficinista**	**profesor**
		(여) 쁘로페쏘라
		profesora

사업가	친구	날씨, 때
(남) 엠쁘레싸리오	(남) 아미고	띠엠뽀
empresario	**amigo**	**tiempo**
(여) 엠쁘레싸리아	(여) 아미가	
empresaria	**amiga**	

날, 일	오후	밤
디아	따르데	노체
día	**tarde**	**noche**

여행	어디서	무엇
비아헤	돈데	께
viaje	**dónde**	**qué**

언제	얼마나 많은	어떻게
꽌도	꽌또/따/또스/따스	꼬모
cuándo	**cuánto/a/os/as**	**cómo**

1-1 인사하기

❶ 안녕하세요? / 안녕?

❷ 만나서 반갑습니다.

❸ 어떻게 지내세요?

❹ 저는 잘 지내요.

❺ 실례합니다. / 죄송합니다.

❻ 안녕히 가세요. / 잘 가.

❼ 나중에 만나요.

❶ 올라
Hola.

> [아침인사]
> 부에노스 디아스 Buenos días.
> [오후인사]
> 부에나스 따르데스 Buenas tardes.
> [저녁인사]
> 부에나스 노체스 Buenas noches.

---

❷ 무쵸 구스또
Mucho gusto.

---

❸ 꼬모 에스따 우스뗃
¿Cómo está Ud.?

※ 친한 사이에는 '**꼬모 에스따스** ¿Cómo estás?'

---

❹ 에스**또**이 비엔
Estoy bien.

---

❺ 뻬르돈
Perdón.

※ 상대방의 말을 잘 못 들었을 때 '**뻬르돈**? ¿Perdón?'

---

❻ 아디오스
Adiós.

---

❼ **아**스따 루에고
Hasta luego.

1-2 자기소개하기

❶ 제 이름은 민수입니다.

❷ 성함이 어떻게 되세요?

❸ 저는 25살입니다.
 (숫자 표현 부록 200쪽 참고)

❹ 나이가 어떻게 되세요?

❺ 저는 한국에서 왔어요.
 (나라 이름 부록 205쪽 참고)

❻ 어디에서 오셨나요?

❼ 저는 회사원입니다.

❽ 직업이 무엇입니까?

❶ 메 야모 민수

Me llamo Minsu.

❷ 꼬모 쎄 야마 우스뗄

¿Cómo se llama Ud.?

※ 친한 사이에는 '꼬모 떼 야마스 ¿Cómo te llamas?'

❸ 뗑고 베인띠씽꼬 아뇨스

Tengo veinticinco años.

❹ 꽌또스 아뇨스 띠에네 우스뗄

¿Cuántos años tiene Ud.?

※ 친한 사이에는 '꽌또스 아뇨스 띠에네스 ¿Cuántos años tienes?'

❺ 쏘이 데 꼬레아

Soy de Corea.

❻ 데 돈데 에스 우스뗄

¿De dónde es Ud.?

※ 친한 사이에는 '데 돈데 에레스 ¿De dónde eres?'

❼ 쏘이 오피씨니스따

Soy oficinista.

> 남/여학생: 에스뚜디안떼 estudiante
> 선생님: 쁘로페쏘라 profesora(여)
>   쁘로페쏘르 profesor(남)
> 의사: 메디까 médica (여)
>   메디꼬 médico(남)
> 사업가: 엠쁘레싸리아 empresaria(여)
>   엠쁘레싸리오 empresario(남)

❽ 아 께 쎄 데디까

¿A qué se dedica?

※ 친한 사이에는 '아 께 떼 데디까스 ¿A qué te dedicas?'

1-3 대답하기

① 예. / 아니요.

② 알겠습니다.

③ 이해하지 못했어요.

④ 괜찮습니다. (미안함에 대한 응답)

⑤ 잠깐만요.

⑥ 고맙지만 사양할게요.

⑦ 다시 한 번 말씀해 주세요.

⑧ 천만에요.

❶ 씨 / 노
Sí. / No.

❷ 발레
Vale.

❸ 노 엔띠엔도
No entiendo.

❹ 노 빠사 나다
No pasa nada.

❺ 운 모멘또
Un momento.

❻ 노 그라씨아스
No, gracias.

❼ 오뜨라 베스, 뽀르 파보르
Otra vez, por favor.

❽ 아 우스뗃
A usted.

※ 친한 사이에는 '아 띠 A ti.'

1-4 날씨 묻고 말하기

① 오늘 날씨가 어때요?

② 날씨가 좋네요.

③ 날씨가 좋지 않네요.

④ 날씨가 더워요.

⑤ 날씨가 추워요.

⑥ 비가 와요.

⑦ 바람이 불어요.

⑧ 건조해요.

❶ 께 띠엠뽀 아쎄 오이

¿Qué tiempo hace hoy?

❷ 아쎄 부엔 띠엠뽀

Hace buen tiempo.

❸ 아쎄 말 띠엠뽀

Hace mal tiempo.

❹ 아쎄 깔로르

Hace calor.

> 몸이 더울 때는,
> 뗑고 깔로르 Tengo calor.
> 몸이 추울 때는,
> 뗑고 프리오 Tengo frío.

❺ 아쎄 프리오

Hace frío.

❻ 유에베

Llueve.

❼ 아쎄 비엔또

Hace viento.

❽ 에스따 쎄꼬

Está seco.

1-5 친구 사귀기

① (여성에게) 예뻐요.
　(남성에게) 멋있어요.

② 친절하시네요.

③ 편하게 말 놓으세요.

④ 함께 식사하러 갈까요?

⑤ 술 한잔하러 갈까요?

⑥ 만나서 즐거웠습니다.

⑦ 계속 연락하고 지냅시다.

⑧ 나중에 또 만나요.

❶ **께** 보니따

¡Qué bonita!

께 구**아**쁘

¡Qué guapo!

❷ 에스 무이 아**마**블레

Es muy amable.

※ 모르는 사이에도 상대방의 호의를 받은 경우 감사의 표현으로 씁니다.

❸ 뜨**라**따메 데 뚜

Trátame de tú.

❹ **바**모스 아 꼬메르 알고

¿Vamos a comer algo?

❺ **바**모스 아 또**마**르 운 **뜨라고**

¿Vamos a tomar un trago?

> 커피: 까페 café

❻ 아 **씨**도 운 쁠라쎄르 꼬노쎄르레

Ha sido un placer conocerle.

❼ 에스**따**모스 엔 꼰**딱**또

Estamos en contacto.

❽ 노스 베모스

Nos vemos.

스페인의 인사법

 스페인에서 처음 보는 사이에는 기본적으로 악수를 하며 인사를 나누지만, 친구나 가족 등 가까운 사이에는 만나고 헤어질 때 양 볼에 키스를 하며 인사를 합니다. 이를 '도스 베소스(Dos besos)'라고 하는데, '두 번의 키스'를 의미합니다. 순서는 오른쪽 뺨을 먼저 대고 그 다음에 왼쪽 뺨을 대며 각각 '쪽' 소리를 냅니다. 우리와는 많이 다른 인사법이다 보니 처음에는 낯설고 어색할 수 있지만 스페인의 문화의 한 부분으로 자연스럽게 받아들여 보면 어떨까요?

스페인 날씨와 옷차림

- 여행하기 가장 적합한 시기는 4~6월과 9~10월입니다. 지역적으로 나누면 여름에는 북부, 봄은 남서부, 가을은 중부, 겨울은 남부가 여행하기 좋습니다.
- 봄과 가을에는 반팔에 얇은 옷을 겹쳐 있는 식으로 준비하면 좋습니다.
- 여름에는 습도가 낮아서 햇볕만 피하면 한국보다 쾌적합니다. 하지만, 한낮에는 매우 덥고 햇볕이 강해서 모자나 선글라스 착용이 필수입니다.
- 겨울에는 한국만큼 춥지 않지만, 전체적으로 실내 난방이 잘 되어있지 않아서 저녁을 대비한 두꺼운 옷 한 벌 정도는 필요합니다.

스페인 바르셀로나

Capítulo 2

기내

- **2-1** 좌석 찾기
- **2-2** 기내식 이용하기
- **2-3** 기내 서비스 요청하기
- 입국신고서 작성하기
- 입국신고서 주요 용어

✿ 필요할 때 통하는 단어

좌석	안전벨트	구명조끼
아씨엔또	씬뚜론 데 쎄구리닫	찰레꼬 살바비다스
asiento	**cinturón de seguridad**	**chaleco salvavidas**

이륙
데스뻬게
despegue

이어폰
아우리꿀라레스
auriculares

담요
(스페인) 만따 **manta**
(멕시코) 꼬비하 **cobija**
(남미) 프라싸다 **frazada**

베개
알모아다
almohada

물
아구아
agua

맥주
쎄르베싸
cerveza

레드 와인
비노 띤또
vino tinto

화이트 와인
비노 블랑꼬
vino blanco

주스
(스페인) 쑤모 **zumo**
(남미) 후고 **jugo**

녹차
떼 베르데
té verde

홍차
떼 네그로
té negro

탄산음료
레프레스꼬
refresco

생선
뻬스까도
pescado

소고기
떼르네라
ternera

치킨
뽀요
pollo

2-1 좌석 찾기

❶ 제 자리를 찾고 있습니다.

❷ 탑승권을 보여주시겠습니까?

❸ 이쪽으로 오세요.

❹ 지나가도 될까요?

❺ 실례합니다만, 여기는 제 자리입니다.

❻ 자리 좀 바꿔 주실 수 있나요?

❼ 짐 놓을 공간이 없네요.

❽ 의자 좀 앞으로 세워주실래요?

❶ 에스또이 부스깐도 미 아씨엔또
Estoy buscando mi asiento.

❷ 뿌에도 베르 수 따르헤따 데 엠바르께
¿Puedo ver su tarjeta de embarque?

❸ 벵가 뽀르 아끼
Venga por aquí.

❹ 뿌에도 빠사르
¿Puedo pasar?

❺ 뻬르돈, 뻬로 에스떼 에스 미 아씨엔또
Perdón, pero este es mi asiento.

❻ 뿌에도 깜비아르 데 아씨엔또
¿Puedo cambiar de asiento?

❼ 노 아이 에스빠씨오 빠라 엘 에끼빠헤 데 마노
No hay espacio para el equipaje de mano.

❽ 뽀드리아 레반따르 운 뽀꼬 엘 아씨엔또, 뽀르 파보르
¿Podría levantar un poco el asiento, por favor?

2-2 기내식 이용하기

❶ 식사는 언제 제공되나요?

❷ Q: 치킨과 생선 중 어떤 것으로 하시겠습니까?
A: 치킨으로 할게요.

❸ 음료는 어떤 게 있나요?

❹ 물 한 잔 주세요.
물 한 잔 얼음과 함께 주세요.

❺ Q: 커피 더 드릴까요?
A: 네, 감사합니다. / 아니요, 괜찮습니다.

❻ 이것 좀 가져가 주세요.

❶ **꽌**도 쎄 **씨**르베 라 꼬**미**다

¿Cuándo se sirve la comida?

❷ Q: 끼**에**레 **뽀요** 오 뻬스**까도**

¿Quiere pollo o pescado?

A: **뽀요**, 뽀르 파보르

Pollo, por favor.

> 소고기: 떼르네라 ternera
> 파스타: 빠스따 pasta
> 밥: 아르로쓰 arroz

❸ 께 띠에네 빠라 베베르

¿Qué tiene para beber?

❹ 데메 **아구아**, 뽀르 파보르

Deme agua, por favor.

데메 **아구아** 꼰 이엘로, 뽀르 파보르

Deme agua con hielo, por favor.

> 화이트와인: 비노 블랑꼬 vino blanco
> 레드와인: 비노 띤또 vino tinto
> 맥주: 쎄르베싸 cerveza
> 주스: (스페인) 쑤모 zumo (중남미) 후고 jugo
> 탄산음료: ㄹ레프레스꼬 refresco
> 커피: 까페 café
> 홍차: 떼 네그로 té negro
> 녹차: 떼 베르데 té verde

❺ Q: 끼**에**레 마스 **까페**

¿Quiere más café?

A: **씨** 그라씨아스 / 노 그라씨아스

Sí, gracias. / No, gracias.

❻ **예**베쎄 에스또, 뽀르 파보르

Llévese esto, por favor.

2-3 기내 서비스 요청하기

❶ **안대 하나** 가져다주실래요?

❷ 면세품을 사고 싶습니다.

❸ 이것은 어떻게 사용하나요?

❹ **모니터**가 작동하지 않네요.

❺ 이 서류를 어떻게 작성하는지 알려주세요.

❻ 볼펜 좀 빌려주실래요?

❼ 멀미를 조금 해요.

❽ 멀미약 있나요?

❶ 뽀드리아 뜨라에르메 운 안띠파쓰 빠라 도르미르

¿Podría traerme un antifaz para dormir?

> 물티슈: 우나 또아이따 우메다 una toallita húmeda
> 슬리퍼: 우나스 싸빠띠야스 unas zapatillas

❷ 메 구스따리아 꼼쁘라르 아르띠꿀로스 리브레스 데 임뿌에스또스

Me gustaría comprar artículos libres de impuestos.

❸ 꼬모 쎄 우사 에스또

¿Cómo se usa esto?

❹ 노 푼씨오나 라 빤따야

No funciona la pantalla.

> 이어폰: 로스 아우리꿀라레스 los auriculares
> 호출버튼: 엘 보똔 데 야마다 el botón de llamada
> 독서등: 라 루쓰 데 렉뚜라 la luz de lectura

❺ 엔세녜메 꼬모 예나르 에스떼 도꾸멘또

Enséñeme cómo llenar este documento.

❻ 뽀드리아 데하르메 운 볼리그라포

¿Podría dejarme un bolígrafo?

❼ 에스또이 운 뽀꼬 마레아도/마레아다

Estoy un poco mareado/mareada.

※ 남자일 경우 '마레아도 mareado', 여자일 경우 '마레아다 mareada'

❽ 띠에네 메디씨나 빠라 엘 마레오

¿Tiene medicina para el mareo?

입국신고서 작성하기

- 스페인에 입국할 때는 입국신고서를 작성하지 않습니다. 하지만 남미의 경우는 입국신고서를 작성해야 하는데, 영어와 스페인어가 함께 표기되어 있고, 영어로 작성하기 때문에 큰 어려움은 없습니다.
- 모든 내용은 대문자로 기재하고, 주소 부분에는 호텔 이름이나 머무를 곳의 현지 주소를 기재합니다.
- 입국 심사 시, 신고서의 일부분을 되돌려 받는 경우에는 **해당 종이를 출국할 때까지 반드시 보관**해야 합니다.

입국신고서 주요 용어

이름	Nombre 놈브레
성	Apellido 아뻬이도
생년월일	Fecha de nacimiento 페챠 데 나씨미엔또
일/월/년도	Día/Mes/Año 디아/메스/아뇨
국적	Nacionalidad 나씨오날리닫
주소	Dirección 디렉씨온
여권 번호	Número de pasaporte 누메로 데 빠싸뽀르떼
여권 발행일	Fecha de expedición 페챠 데 엑스뻬디씨온
서명	Firma 피르마

Capítulo 3

입국

- 3-1 입국 심사
- 3-2 수하물 찾기
- 3-3 세관 신고하기
- 3-4 환전하기
- 환전 시 유의사항
- 3-5 공항 교통 이용하기
- 나라별 입국 정보

🌸 필요할 때 통하는 단어

휴가
바까씨오네스
vacaciones

업무
네고씨오
negocio

여행
뚜리스모
turismo

여권
빠싸뽀르떼
pasaporte

비자
비사도
visado

외국인
(남) 엑스뜨랑헤로
extranjero
(여) 엑스뜨랑헤라
extranjera

입국
인미그라씨온
inmigración

분실
뻬르디다
pérdida

분실물 센터
오피씨나데오브헤또스 뻬르디도스
oficina de objetos perdidos

수하물 카트
까르리또스 뽀르따에끼빠헤스
carritos portaequipajes

수하물 확인증
딸론 데 에끼빠헤
talón de equipaje

컨베이어 벨트
씬따 데 에끼빠헤스
cinta de equipajes

세금
임뿌에스또
impuesto

세관신고서
데끌라라씨온 데 아두아나
declaración de aduana

환전소
까사 데 깜비오
casa de cambio

동전
모네다
moneda

술
리꼬르
licor

담배
따바꼬
tabaco

3-1 입국 심사

① 여권을 보여주세요. 🦻

② 귀국편 항공권을 가지고 있나요? 🦻

③ Q: 방문 목적이 무엇인가요?
A: 여행 목적으로 왔어요.

④ Q: 얼마나 머무를 예정입니까?
A: 일주일 동안 머무를 예정입니다.
(기간 표현 부록 203쪽 참고)

⑤ Q: 어디에 머무를 예정입니까?
A: 플라자 호텔에 머무를 예정입니다.

❶ 빠싸**뽀**르떼, 뽀르 파**보**르

Pasaporte, por favor.

❷ 띠**에**네 비**예**떼 데 부**엘**따

¿Tiene billete de vuelta?

❸ Q: 꾸**알** 에스 엘 모**띠**보 데 수 비**씨**따

¿Cuál es el motivo de su visita?

A: 뽀르 **뚜리스모**

Por turismo.

| 공부: 에스뚜디오 estudio |
| 신혼여행: 루나 데 미엘 luna de miel |
| 업무: 네고씨오 negocio |
| 휴가: 바까씨오네스 vacaciones |
| 회의: 꼰페렌씨아 conferencia |

❹ Q: 꽌또스 **디**아스 삐엔사 께**다**르쎄

¿Cuántos días piensa quedarse?

A: 두란떼 **우**나 쎄**마**나

Durante una semana.

❺ Q: **돈**데 바 아 께**다**르쎄

¿Dónde va a quedarse?

A: 엔 엘 오뗄 플라싸

En el hotel Plaza.

친척집: 라 까사 데 운 빠리엔떼 la casa de un pariente
친구집: 라 까사 데 운 아미고 la casa de un amigo

3-2 수하물 찾기

❶ 수하물은 어디서 찾나요?

❷ 어느 항공편으로 오셨습니까?

❸ 이것이 제 수하물 확인증입니다.

❹ 3번 컨베이어 벨트로 가세요.
(숫자 표현 부록 200쪽 참고)

❺ 제 수하물을 못 찾았습니다.

❻ 분실물 센터가 어디 있나요?

❼ 제 가방은 빨간색입니다.
(색깔 표현 부록 204쪽 참고)

❽ 제 가방이 망가졌네요.

❶ **돈**데 뿌**에**도 ㄹ레꼬**헤**르 엘 에끼**빠**헤

¿Dónde puedo recoger el equipaje?

❷ 엔 께 부엘로 아 예**가**도 우스뗃

¿En qué vuelo ha llegado Ud.?

❸ 에스 미 딸**론** 데 에끼**빠**헤

Es mi talón de equipaje.

❹ **바**야 아 라 **씬**따 **누**메로 뜨레스

Vaya a la cinta número tres(3).

❺ 노 엔꾸**엔**뜨로 미 에끼**빠**헤

No encuentro mi equipaje.

❻ **돈**데 에스**따** 라 오피**씨**나 데 오브헤또스 뻬르**디**도스

¿Dónde está la oficina de objetos perdidos?

❼ 미 말레**따** 에스 데 꼴로르 ㄹ로호

Mi maleta es de color rojo.

❽ 미 말레**따** 에스**따** ㄹ로**따**

Mi maleta está rota.

3-3 세관 신고하기

❶ 신고할 물건이 있습니까?

❷ 신고할 게 없습니다.

❸ 이것을 신고해야 합니다.

❹ Q: 가방은 몇 개나 가지고 있나요?
A: 두 개입니다.
(숫자 표현 부록 200쪽 참고)

❺ 가방 안에는 무엇이 있나요?

❻ 이 가방을 열어주세요.

❼ 친구한테 줄 선물입니다.

❽ 개인 소지품입니다.

❶ 띠에네 알고 께 데끌라라르

¿Tiene algo que declarar?

---

❷ 노 뗑고 나다 께 데끌라라르

No tengo nada que declarar.

---

❸ 뗑고 께 데끌라라르 에스또

Tengo que declarar esto.

---

❹ Q: 꽌따스 말레따스 띠에네

¿Cuántas maletas tiene?

　A: 도스 말레따스

　　Dos maletas.

---

❺ 께 띠에네 엔 라 말레따

¿Qué tiene en la maleta?

---

❻ 아브라 에스따 말레따, 뽀르 파보르

Abra esta maleta, por favor.

---

❼ 에스 운 ㄹ레갈로 빠라 미 아미고

Es un regalo para mi amigo.

---

❽ 쏜 미스 꼬싸스 뻬르쏘날레스

Son mis cosas personales.

3-4 환전하기

❶ 환전소가 어디 있나요?

❷ 달러를 유로로 바꾸고 싶습니다.

❸ 환율이 어떻게 되나요?

❹ 수수료가 얼마인가요?

❺ 소액권으로 주세요.

❻ 영수증 주세요.

❼ 계산이 잘못된 것 같습니다.

 3-4

❶ **돈**데 에스**따** 라 **까**사 데 **깜**비오
¿Dónde está la casa de cambio?

❷ 끼**에**로 깜비**아**르 돌라레스 뽀르 에우로스
Quiero cambiar dólares por euros.

> 페소: **뻬**소 peso (멕시코, 콜롬비아, 칠레, 아르헨티나)
> 솔: 쏠 sol (페루)
> 볼리비아노: 볼리비**아**노 boliviano (볼리비아)
> 페소: 꾹 CUC (쿠바)

❸ 꾸알 에스 엘 **띠**뽀 데 **깜**비오
¿Cuál es el tipo de cambio?

❹ **꾄**또 에스 라 꼬미씨**온**
¿Cuánto es la comisión?

❺ 데메 엔 비**예**떼스 뻬**께**뇨스
Deme en billetes pequeños.

> 동전: 모네다스 monedas

❻ 엘 ㄹ레**씨**보, 뽀르 파**보**르
El recibo, por favor.

❼ 끄레오 께 에스**따** 에끼보**까**도 엘 **깔**꿀로
Creo que está equivocado el cálculo.

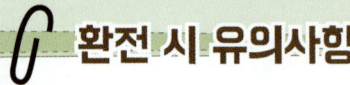
환전 시 유의사항

● 현지에서 환전소를 찾는 경우 'Cambio, Exchange' 등의 표시를 찾으면 되고, 쿠바의 경우 'Cadeca'라는 환전소가 곳곳에 있으므로 쉽게 찾을 수 있습니다.

스페인	• 유로(euro, €)를 사용하므로 한국에서 미리 환전해 가면 편리합니다. • 현지에서 환전할 경우 은행을 이용하면 환율이 좋지만 수수료가 높을 수 있고, 호텔이나 타 환전소의 경우 환율도 좋지 않고 수수료도 높을 수 있습니다.
멕시코 & 남미	• 한국에서 환전하기 어렵기 때문에 미국 달러를 가져가서 현지에서 환전하는 것이 좋습니다. • 환전 시 영수증을 꼭 확인하고 위조지폐가 없는지 꼼꼼히 확인해야 합니다. 아르헨티나, 베네수엘라 사설 환전소가 유리합니다. 볼리비아 사설 환전소가 유리하고, 찢어진 지폐는 통용되지 않으므로 반드시 확인해야 합니다. 쿠바 미국 달러를 받지 않는 곳이 많아서 캐나다 달러나 유로를 준비해 가는 것이 좋고, 비상 시를 대비한 신용카드는 VISA 계열의 카드를 제외하고는 사용할 수 없는 경우가 많습니다.

쿠바의 독특한 화폐

관광객이 사용하는 화폐	현지인이 사용하는 화폐
Peso convertible (CUC) '꾹' 또는 '쎄우쎄'	Peso (MN 또는 CUP) '뻬소' 또는 '쎄우뻬'

- 외국인은 무조건 CUC만 사용하는 것은 아니지만, MN을 사용할 수 있는 곳이 많지 않으므로, 되도록 10CUC 정도만 MN으로 환전하여 필요시 사용하고 주로 CUC을 가지고 여행을 하면 큰 문제는 없습니다.

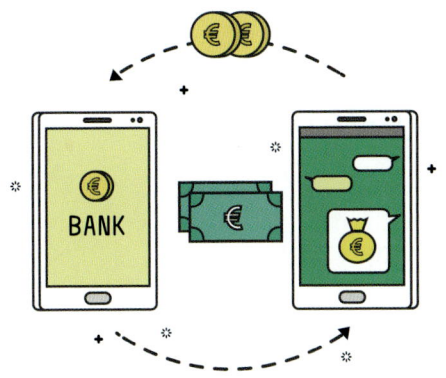

3-5 공항 교통 이용하기

① 시내로 가는 버스는 어디서 타나요?

② 택시 정류장은 어디인가요?

③ 막차는 언제 있나요?

④ 표는 어디서 사나요?

⑤ 표 가격은 얼마인가요?

⑥ 미란다 호텔 가나요?

⑦ 시내까지 얼마나 걸리죠?

⑧ 이제 시내에 도착한건가요?

❶ **돈**데 뿌**에**도 또**마**르 엘 아우또**부**스 빠라 엘 **쎈**뜨로

¿Dónde puedo tomar el autobús para el centro?

❷ **돈**데 에스**따** 라 빠**라**다 데 **딱**씨

¿Dónde está la parada de taxi?

❸ 아 께 **오**라 **쌀**레 엘 울띠모 아우또부스

¿A qué hora sale el último autobús?

> 첫차: 엘 쁘리메르 아우또부스 el primer autobús

❹ **돈**데 뿌**에**도 꼼쁘**라**르 엘 비**예**떼

¿Dónde puedo comprar el billete?

※ 남미에서는 표를 '엘 볼레또 el boleto'

❺ **꽌**또 꾸에스**따** 엘 비**예**떼

¿Cuánto cuesta el billete?

❻ 바 알 오뗄 미란다

¿Va al hotel Miranda?

❼ **꽌**또 띠엠뽀 쎄 **따**르다 알 **쎈**뜨로

¿Cuánto tiempo se tarda al centro?

❽ 야 예**가**모스 알 **쎈**뜨로

¿Ya llegamos al centro?

나라별 입국 정보

스페인

90일 무비자 체류 가능.
직항을 제외하고는 유럽의 다른 도시를 경유해서 가는 경우 입국심사는 별도로 하지 않습니다.

멕시코

180일 무비자 체류 가능.
귀국 항공권을 제시해야 할 수 있으니 미리 준비합니다.

볼리비아

비자 필요. (비자 발급 후 30일 체류 가능)
인접 국가(페루, 칠레 등)에서 비자를 발급받는 것이 좋습니다.

- 비자 발급 시 필요 서류
① 여권
② 여권 사진 1매
③ 항공권 티켓
④ 본인 명의의 신용카드 또는 체크카드 앞, 뒤 사본
⑤ 황열병 예방접종 카드
⑥ 볼리비아 숙소 예약 내역

아르헨티나

90일 무비자 체류 가능.
입국신고서 작성 없이 여권만으로 심사를 합니다.

칠레

30일 무비자 체류 가능.
입국심사가 까다로운 편이며, 농산물이나 동식물의 부산물로 만들어진 어떠한 물건도 금지되므로 주의해야 합니다.

쿠바

비자 필요. (비자 발급 후 30일 체류 가능)
비자(여행자 카드, Tarjeta del Turista)를 구입해야 하는데, 한화로 약 25,000원 정도입니다. 캐나다 항공의 경우 항공료에 포함되어 있어 기내에서 배포하고, 멕시코 시티나 칸쿤 공항에서도 구매가 가능합니다. 유럽의 여행사에서도 구매가 가능하므로 미리 알아보고 구매하세요. 비자에 내용을 기재할 때 실수로 잘못 기재한 경우 다시 구매해야 하므로 주의해야 합니다. 여행자 보험 또한 필수이므로, 영문 또는 스페인어로 된 보험 증서를 지참하세요.

스페인 마드리드

Capítulo 4
교통수단

- 4-1 지하철 이용하기
- 4-2 버스 이용하기
- 4-3 택시 이용하기
- ∅ 대중교통 이용하기
- 4-4 기차 이용하기
- 4-5 고속버스 이용하기
- 4-6 렌터카 문의하기
- 4-7 렌터카 이용하기
- 4-8 길 찾기
- 지구 반대편 남미 여행, 언제가 좋을까?
- 스페인에서 즐기는 독특한 문화

🌸 필요할 때 통하는 단어

지하철 노선도	지하철역	환승
쁠라노 델 메뜨로	에스따씨온 데 메뜨로	뜨란스보르도
plano del metro	**estación de metro**	**transbordo** / 꼬레스쁜덴씨아 **correspondencia**

출구	버스 정류장	버스터미널
쌀리다	빠라다 데 아우또부스	떼르미날 데 아우또부스
salida	**parada de autobús**	**terminal de autobús**

오픈티켓	왕복티켓	편도티켓
비예떼 꼰 부엘따 아비에르따	비예떼 데 이다 이 부엘따	비예떼 데 이다
billete con vuelta abierta	**billete de ida y vuelta**	**billete de ida**

직행	기본 요금	보험
디렉또	따리파 바시까	쎄구로
directo	**tarifa básica**	**seguro**

운전면허증	주유소	횡단보도
뻬르미소 데 꼰두씨르	가솔리네라	빠소 데 뻬아또네스
permiso de conducir	**gasolinera**	**paso de peatones**

블록	우회전	좌회전
만싸나	아 라 데레챠	아 라 이쓰끼에르다
manzana	**a la derecha**	**a la izquierda**

4-1 지하철 이용하기

① 가까운 지하철역이 어디 있나요?

② 지하철 노선도가 필요해요.

③ 솔광장을 가려면 몇 호선을 타야 하나요?

④ 람블라스 거리로 가려면 어디서 내려야 하나요?

⑤ 어디서 환승해야 합니까?

⑥ 다음 역이 어디죠?

⑦ 스페인 광장으로 가는 출구는 어디죠?

⑧ 오페라 역에서 2호선으로 갈아타세요.
(숫자 표현 부록 200쪽 참고)

❶ **돈데 에스따** 라 에스따씨온 데 **메뜨로 마스 쎄르까나**

¿Dónde está la estación de metro más cercana?

❷ 네쎄**씨**또 운 **쁠라**노 델 **메**뜨로

Necesito un plano del metro.

❸ **께 리**네아 바 아 라 **뿌에르따** 델 솔

¿Qué línea va a la Puerta del Sol?

❹ **돈데 뗑고 께** 바하르 **빠라 이**르 아 라스 ㄹ람블라쓰

¿Dónde tengo que bajar para ir a Las Ramblas?

❺ **돈데 데**보 아쎄르 뜨란스보르도

¿Dónde debo hacer transbordo?

❻ 꾸알 에스 라 쁘록씨마 에스따씨온

¿Cuál es la próxima estación?

❼ 꾸알 에스 라 쌀**리**다 **빠라** 라 **쁠라**싸 데 에스**빠냐**

¿Cuál es la salida para la Plaza de España?

❽ 깜비에 아 라 **리**네아 도스(2) 엔 라 에스따씨온 **오**뻬라

Cambie a la línea dos(2) en la estación Ópera.

4-2 버스 이용하기

① 버스 정류장이 어디 있나요?

② 13번 버스는 어디서 탈 수 있나요?
(숫자 표현 부록 200쪽 참고)

③ 어느 버스가 대성당까지 가나요?

④ 25번 버스를 타세요.
(숫자 표현 부록 200쪽 참고)

⑤ 구엘 공원 근처를 지나나요?

⑥ 마요르 광장까지 몇 정거장 남았죠?

⑦ 이번 정류장이 알람브라 궁전인가요?

⑧ 여기서 내릴게요.

❶ **돈**데 에스**따** 라 빠**라**다 데 아우또**부**스

¿Dónde está la parada de autobús?

❷ **돈**데 뿌**에**도 또마르 엘 아우또**부**스 **누**메로 뜨레**쎄**(13)

¿Dónde puedo tomar el autobús número trece(13)?

❸ **께** 아우또**부**스 **예**바 아 라 까떼드**랄**

¿Qué autobús lleva a la catedral?

❹ **또**메 엘 **누**메로 베인띠**씽**꼬(25)

Tome el número veinticinco(25).

❺ **빠**사 **쎄**르까 델 **빠**르께 구엘

¿Pasa cerca del Parque Güell?

※ 바르셀로나에서는 '구엘 공원'을 'Parc Güell'(까탈루냐어)로 표기

❻ **꽌**따스 빠**라**다스 **팔**딴 **빠**라 예**가**르 아 라 **쁠라**싸 마**요**르

¿Cuántas paradas faltan para llegar a la Plaza Mayor?

❼ 에스 **에스**따 라 알**람**브라

¿Es esta La Alhambra?

❽ 끼**에**로 바**하**르 아**끼**

Quiero bajar aquí.

4-3 택시 이용하기

① 택시를 불러주세요.

② 공항까지 요금은 얼마인가요?

③ 미터기로 가나요?

④ 파라도르까지 가 주세요.

⑤ 이 주소로 가 주세요.

⑥ 빨리 가 주세요.

⑦ 여기 세워 주세요.

⑧ Q: 얼마인가요?
A: 20유로입니다.
(숫자 표현 부록 200쪽 참고)

❶ **야**메 운 **딱**씨, 뽀르 파**보**르

Llame un taxi, por favor.

❷ **꽌**또 꾸에스따 **아**스따 **엘 아에로뿌에르또**

¿Cuánto cuesta hasta el aeropuerto?

❸ **우사 엘 딱씨**메뜨로

¿Usa el taxímetro?

❹ **아스따 엘 빠라도르**, 뽀르 파**보**르

Hasta el Parador, por favor.

❺ 아 **에**스따 디렉씨**온**, 뽀르 파**보**르

A esta dirección, por favor.

❻ **ㄹ라삐도**, 뽀르 파**보**르

Rápido, por favor.

❼ **빠레 아끼**, 뽀르 파**보**르

Pare aquí, por favor.

❽ Q: **꽌**또 에스

¿Cuánto es?

A: 쏜 **베인떼**(20) **에우로스**

Son veinte(20) euros.

> 페소: **뻬소** peso (멕시코, 콜롬비아, 칠레, 아르헨티나)
> 솔: **쏠** sol (페루)
> 볼리비아노: **볼리비아노** boliviano (볼리비아)
> 페소: **꾹** CUC (쿠바)

대중교통 이용하기

🚕 스페인 주요 도시의 대중교통

마드리드

🚇🚌 지하철 & 시내버스
- 요금: 기본 카드 비용 2.50€ 부과,
  1회(1viaje) 구간별 상이 / 10회(10viajes) 12.20€ / 1일권 8.40€ / 2일권 13.05€
* 10회권을 추천! 카드 하나로 여러 명이 이용 가능하고, 지하철과 버스 모두 이용 가능 (단, 카드 비용은 환불 불가, 환승 불가)
* 남은 횟수는 자동 발권기에서 확인 가능
- 마드리드 대중교통 홈페이지: www.ctm-madrid.es
- 유용한 어플리케이션: EMT Madrid

🚕 택시
- 기본 요금은 2.40€ (단, 주말과 공휴일 및 심야에는 2.90€)
- 보통 미터기를 기준으로 운행하며 기차역이나 터미널에서 이용할 경우 3€의 추가금

바르셀로나

🚇🚌 지하철 & 시내버스
- 요금: 1회권(senzill) 2.15€ / 10회권(T10) 9.95€
* 10회권을 추천! 한 장으로 여러 명이 이용 가능하고, 지하철과 버스, 트램, 렌페 1존, 푸니쿨라 모두 이용 가능
* 75분 내에 3번 환승 가능
* 표 뒷면에 찍힌 숫자의 마지막 번호가 사용 가능 횟수

🚕 택시
- 기본요금은 2.10€ (단, 심야에는 3.10€)
- 보통 미터기를 기준으로 운행하며 공항의 경우 통행료 4.20€ 추가

그라나다

🚌 시내버스 & 알람브라 미니버스
- 요금: 1회권 1.20€ / 충전식 카드 1회 승차 시 0.79€ (보증금 2€ 별도)
* 충전은 5€, 10€, 20€씩 가능
* 카드 사용 완료 후 버스 기사에게 '쎄 아까보 Se acabó' 라고 말하면 보증금 환불 가능
* 안내 방송이 없기 때문에 내릴 곳에 대해 정확히 파악한 후 이용

🚕 택시
- 평일 낮에 이용하는 택시는 숫자 '1'이, 평일 야간과 주말 및 공휴일에 이용하는 택시는 숫자 '2'가 적혀있고 가격도 상이

🚋 남미 주요 도시의 대중교통

페루의 리마	**🚌 메트로폴리타노 버스(Metropolitano)** - 요금: 교통카드로 이용 (1회당 S/. 2.50) * 카드 보증금 없음 **🚌 미크로 & 콤비 버스** - 요금: 1회당 S/. 1~4 - 노선도가 없고 버스에 적힌 주요 도로명과 종점을 토대로 이용 **🚕 택시** - 미터기가 없으므로 탑승 전 요금 흥정은 필수! - 되도록 정식 등록된 미라플로레스(Miraflores), 모빌(Movil), 아미고(Amigo) 택시를 추천
볼리비아의 라파스	**🚕 택시** - 도보 이동도 가능하지만 체력을 위해 택시로 이동 - 차체에 전화번호가 기재된 'Radio Taxi' 이용
칠레의 산티아고	**🚋 지하철** - 요금: 약 $610~740 * 시간에 따라 다르며 '볼레떼리아 Boletería'에서 티켓 구입 * 충전식 교통카드 'Bip'은 지하철과 버스 모두 이용 가능 **🚕 택시** - 미터기로 이동하며 비교적 안전 (유리창에 가격표 참고)
아르헨티나의 부에노스 아이레스	**🚕 꼴렉띠보** - 요금: 1회 당 $6.50 (카드 비용 $25 별도) * 교통카드 '쑤베 SUBE'가 반드시 있어야 하고, 지하철도 함께 이용 (단, 주마다 카드가 다르므로 주가 바뀔 때마다 새로 구입 필수!) - Guia T 가이드북 노선도 참고 **🚕 택시** - 미터기로 이동 **🚋 지하철** - 요금: 1회당 $4.50 (균일)

*모든 요금은 2018년 기준입니다.

4-4 기차 이용하기

❶ 세비야행 기차는 몇 시에 출발하나요?

❷ 마드리드행 일반석 표 두 장 주세요.
(숫자 표현 부록 200쪽 참고)

❸ 편도티켓 한 장 주세요.
(숫자 표현 부록 200쪽 참고)

❹ 이 패스로 기차를 탈 수 있나요?

❺ 이 기차는 어느 승강장에서 출발하나요?

❻ 이 기차는 코르도바에 정차하나요?

❼ 기차를 잘못 탔습니다.

❽ 역을 지나쳤습니다.

❶ 아 께 오라 쌀레 엘 뜨렌 빠라 쎄비야

¿A qué hora sale el tren para Sevilla?

> 첫차: 엘 쁘리메르 뜨렌 el primer tren
> 막차: 엘 울띠모 뜨렌 el último tren
> 다음 차: 엘 쁘록씨모 뜨렌 el próximo tren

❷ 도스(2) 비예떼스 데 뚜리스따 아 마드릳

Dos(2) billetes de turista a Madrid.

> * 스페인의 열차 등급
> 1열 4석(일반좌석): 뚜리스따 turista
> 1열 3석(일반좌석): 뚜리스따 쁠루스 turista plus
> 일등석: 쁘레페렌떼 preferente   특실: 끌룹 club

❸ 운(1) 비예떼 데 이다, 뽀르 파보르

Un(1) billete de ida, por favor.

> 왕복티켓: 비예떼 데 이다 이 부엘따 billete de ida y vuelta
> 오픈티켓: 비예떼 꼰 부엘따 아비에르따 billete con vuelta abierta

❹ 쎄 뿌에데 또마르 엘 뜨렌 꼰 에스떼 빠세

¿Se puede tomar el tren con este pase?

❺ 데 께 안덴 쌀레 에스떼 뜨렌

¿De qué andén sale este tren?

❻ 에스떼 뜨렌 쎄 빠라 엔 꼬르도바

¿Este tren se para en Córdoba?

❼ 또메 엘 뜨렌 에끼보까도

Tomé el tren equivocado.

❽ 메 에 빠사도 데 에스따씨온

Me he pasado de estación.

4-5 고속버스 이용하기

① 세고비아행 버스는 얼마나 자주 있나요?

② 그라나다까지 얼마나 걸리나요?

③ 똘레도행 오픈티켓 한 장 주세요.
(숫자 표현 부록 200쪽 참고)

④ 말라가행 버스는 어디서 타나요?

⑤ 여기서 얼마나 정차하나요?

⑥ 돌아오는 버스는 어디서 타나요?

⑦ 돌아오는 표를 바꾸고 싶습니다.

❶ **꼰 께** 프레꾸**엔**씨아 쌀레 엘 아우또**부**스 빠라 쎄고비아

¿Con qué frecuencia sale el autobús para Segovia?

❷ **꽌**또 띠엠뽀 쎄 **따르다 아스따** 그라나다

¿Cuánto tiempo se tarda hasta Granada?

❸ 운(1) 비**예떼** 꼰 부**엘따** 아비**에르따** 빠라 똘레도, 뽀르 파보르

Un(1) billete con vuelta abierta para Toledo, por favor.

> 왕복티켓: 비예떼 데 이다 이 부엘따 billete de ida y vuelta
> 편도티켓: 비예떼 데 이다 billete de ida

❹ **돈**데 뿌에도 또**마르** 엘 아우또**부**스 빠라 말라가

¿Dónde puedo tomar el autobús para Málaga?

❺ **꽌**또 띠엠뽀 쎄 빠라 아**끼**

¿Cuánto tiempo se para aquí?

❻ **돈**데 뿌에도 또**마르** 엘 아우또**부**스 빠라 볼베르

¿Dónde puedo tomar el autobús para volver?

❼ 끼에로 깜비아르 엘 비**예떼** 데 부**엘따**

Quiero cambiar el billete de vuelta.

4-6 렌터카 문의하기

① 차를 3일간 렌트하고 싶습니다.
(숫자 표현 부록 200쪽 참고)

② 카탈로그를 볼 수 있을까요?

③ 오토로 원합니다.

④ 하루에 얼마인가요?

⑤ 종합 보험을 들고 싶습니다.

⑥ 한국어 지원이 되는 내비게이션인가요?

⑦ 목적지에서 차를 반납할 수 있나요?

⑧ 렌트하기 전에 차를 좀 볼 수 있나요?

❶ 끼에로 알낄라르 운 **꼬**체 뽀르 뜨레스(3) **디**아스

Quiero alquilar un coche por tres(3) días.

※ 중남미에서는 '자동차'를 '운 **까**ㄹ로 un carro'라고 합니다.

❷ 뿌에도 베르 엘 까**딸**로고 데 **꼬**체스

¿Puedo ver el catálogo de coches?

> 요금표: 라 **리**스따 데 쁘레**씨**오스 la lista de precios

❸ 쁘레피에로 운 **꼬**체 아우또**마띠**꼬

Prefiero un coche automático.

> 수동: 마누알 manual

❹ 꾠또 꾸**에**스따 **뽀**르 **디**아

¿Cuánto cuesta por día?

> 일주일에: 뽀르 쎄**마**나 por semana
> 한 달에: 뽀르 메스 por mes

❺ 끼에로 아쎄구**라**ㄹ로 아 **또**도 ㄹ리**에**스고

Quiero asegurarlo a todo riesgo.

❻ 엘 나베가**도**르 헤 뻬 에쎄 쎄 뿌**에**데 뽀네르 엔 꼬레**아**노

¿El navegador GPS se puede poner en coreano?

❼ 뿌에도 데볼**베**르 엘 **꼬**체 엔 엘 데스**띠**노

¿Puedo devolver el coche en el destino?

❽ 뽀드**리**아 베르 엘 **꼬**체 **안**떼스 데 알낄라르

¿Podría ver el coche antes de alquilar?

4-7 렌터카 이용하기

① 이 근처에 **주유소** 있나요?

② **가솔린**으로 30유로 넣어주세요.
(숫자 표현 부록 200쪽 참고)

③ 이 도로는 일방통행인가요?

④ 주차는 어디에 할 수 있나요?

⑤ 이 도로 이름이 뭐예요?

⑥ 면허증 보여주세요.

⑦ 차가 고장이 났습니다.

⑧ 시동이 걸리지 않네요.

❶ 아이 **가솔리네라** 뽀르 아**끼**

¿Hay gasolinera por aquí?

> 정비소: 따예르 taller

❷ **뜨레인따**(30) 에우로스 데 **가솔리나**, 뽀르 파**보**르

Treinta(30) euros de gasolina, por favor.

> 디젤: 디에**쎌** diesel

❸ 에스**따** 까르레**떼**라 에스 데 쎈**띠**도 **우**니꼬

¿Esta carretera es de sentido único?

❹ **돈**데 뿌**에**도 아빠르**까**르

¿Dónde puedo aparcar?

※ 중남미에서는 '주차하다'라는 단어를 '에스따씨오**나**르 estacionar'라고 합니다.

❺ **꼬**모 쎄 **야**마 에스따 까르레**떼**라

¿Cómo se llama esta carretera?

❻ 무에스뜨레메 수 뻬르**미**소 데 꼰두**씨**르

Muéstreme su permiso de conducir.

❼ 미 **꼬**체 에스**따** 아베리**아**도

Mi coche está averiado.

❽ 노 뿌**에**도 아르란**까**르 엘 **꼬**체

No puedo arrancar el coche.

4-8 길 찾기

❶ 이 주소로 어떻게 가나요?

❷ 걸어갈 수 있나요?

❸ 실례합니다만, 슈퍼마켓을 찾고 있습니다.

❹ 광장으로 가려면 더 가야 하나요?

❺ 계속 직진하세요.

❻ 모퉁이에서 좌회전하세요.

❼ 지도에 표시해 주실래요?

❽ 길을 잃었습니다.

❶ **꼬모 뿌에도 이르 아 에스따 디렉씨온**

¿Cómo puedo ir a esta dirección?

❷ **뿌에도 이르 아 삐에**

¿Puedo ir a pie?

❸ **뻬르돈, 에스또이 부스깐도 운 수뻬르메르까도**

Perdón, estoy buscando un supermercado.

> 화장실: (스페인) 아쎄오스 aseos
> (멕시코) 싸니따리오스 sanitarios
> (남미) 바뇨 baño
> 매표소: 따끼야 taquilla
> 출구: 쌀리다 salida
> 입구: 엔뜨라다 entrada
> 시장: 메르까도 mercado
> 쇼핑센터: 쎈뜨로 꼬메르씨알 centro comercial

❹ **뗑고 께 까미나르 마스 빠라 이르 아 라 쁠라싸**

¿Tengo que caminar más para ir a la plaza?

❺ **씨가 또도 ㄹ렉또**

Siga todo recto.

❻ **도블레 아 라 이쓰끼에르다 엔 라 에스끼나**

Doble a la izquierda en la esquina.

> 우회전: 아 라 데레챠 a la derecha

❼ **뽀드리아 마르까를로 엔 엘 마빠**

¿Podría marcarlo en el mapa?

❽ **메 에 뻬르디도**

Me he perdido.

지구 반대편 남미 여행, 언제가 좋을까?

남미는 다양한 지형의 여러 나라들이 모여 있어 날씨가 지역별로 큰 차이를 보입니다. 가고자 하는 곳의 날씨를 미리 알아보고 준비하면 좋겠죠?

호수가 하늘을 품는 진풍경, 볼리비아 우유니 소금사막	12월~2월 (우기)
온화한 날씨와 함께하는 칠레 파타고니아 트레킹	12월~2월
세계 최고 높이, 베네수엘라의 앙헬 폭포	6월~11월
죽기 전에 꼭 가봐야 할 에콰도르의 갈라파고스 제도	12월~5월
잉카 제국의 요새 도시, 페루의 마추픽추	6월~9월
남미 여행의 꽃, 쿠바	12월~4월
탱고의 도시, 아르헨티나의 부에노스 아이레스	10월~11월

쿠바 하바나

베네수엘라 앙헬 폭포

스페인에서 즐기는 독특한 문화

(1) 투우 (꼬ㄹ리다 데 또로스 Corrida de Toros)
- 투우는 주로 3-4월부터 10월까지 주말에 개최되며 축제가 있는 경우에는 평일에도 개최합니다.
- 현재 바르셀로나에서는 투우 금지법이 발효되어 투우 경기가 진행되지 않으므로, 투우를 관람하고자 하는 경우 마드리드나 세비야를 추천합니다.
- 마드리드의 '라스 벤따스 Las Ventas' 투우장은 거대한 규모로 유명하며, 투우장 내부를 관람할 수 있는 투어 프로그램도 진행합니다.

(2) 플라멩코 (플라멩꼬 Flamenco)
- 안달루시아 지방에 정착한 집시들의 삶을 춤과 노래로 표현한 스페인의 예술입니다.
- 플라멩코 전용 공연장을 '따블라오 tablao'라고 하는데 보통 식사와 음료를 함께 하며 공연을 관람합니다.
- 마드리드의 마요르 광장 주변에도 괜찮은 따블라오가 많으며, 특별히 고급 공연을 관람하고자 하는 경우에는 현지 관광 안내소나 호텔 로비에서 예약할 수 있습니다.

페루 쿠스코 비니쿤카(무지개산)

Capítulo 5

숙박

- 5-1 예약하기
- 🔗 숙박시설 고르는 방법
- 5-2 체크인하기
- 5-3 서비스 요청 및 문의하기
- 5-4 불편사항 말하기
- 5-5 체크아웃하기
- 5-6 호스텔 이용하기
- ⚬ 숙박시설 종류

✿ 필요할 때 통하는 단어

싱글룸	트윈룸	간이 침대
아비따씨온 인디비두알 **habitación individual**	아비따씨온 도블레 꼰 도스 까마스 **habitación doble con dos camas**	까마 수쁠레멘따리아 **cama suplementaria**

조식	난방	열쇠
데사유노 **desayuno**	깔레팍씨온 **calefacción**	야베 **llave**

베개	시트	이불
알모아다 **almohada**	싸바나 **sábana**	꼴챠 **colcha**

휴지	변기	수건
빠뻴 이히에니꼬 **papel higiénico**	이노도로 **inodoro**	또아야 **toalla**

치약	칫솔	엘리베이터
빠스따 데 디엔떼스 **pasta de dientes**	쎄삐요 데 디엔떼스 **cepillo de dientes**	(스페인) 아쎈쏘르 **ascensor** (중남미) 엘레바도르 **elevador**

5-1 예약하기

① **2박** 묵을 방 **하나**를 예약하고 싶습니다.
(숫자 표현 부록 200쪽 참고)

② 빈 방이 있나요?

③ **싱글룸**으로 주세요.

④ 몇 박을 묵으실 건가요?

⑤ 1박에 얼마죠?
(숫자 표현 부록 200쪽 참고)

⑥ 더 저렴한 방은 없나요?

⑦ 조식 서비스도 있나요?

⑧ 지금 바로 이용 가능한가요?

❶ 끼에로 ㄹ레세르바르 **우나**(1) 아비따씨**온** 빠라 도스(2) 노체스

Quiero reservar una(1) habitación para dos(2) noches.

❷ 띠에네 아비따씨**온** 리브레

¿Tiene habitación libre?

❸ 아비따씨**온** 인디비두알, 뽀르 파보르

Habitación individual, por favor.

※ 스페인의 더블룸은 베개가 길게 하나로 이어진 형태가 많습니다. 베개를 따로 쓰고 싶을 경우 트윈룸으로 선택하는 것이 좋습니다.

> (침대 두 개)트윈룸:
> 도블레 꼰 도스 까마스
> doble con dos camas
> (침대 한 개)더블룸:
> 도블레 꼰 까마 데 마뜨리모니오
> doble con cama de matrimonio

❹ 꽌따스 노체스 바 아 께다르쎄

¿Cuántas noches va a quedarse?

❺ 꽌또 꾸에스따 뽀르 **우나**(1) 노체

¿Cuánto cuesta por una(1) noche?

❻ 아이 아비따씨**온** 마스 바라따

¿Hay habitación más barata?

❼ 띠에네 쎄르비씨오 데 데사유노스

¿Tiene servicio de desayunos?

❽ 뿌에도 오꾸빠르 라 아비따씨온 아오라 미스모

¿Puedo ocupar la habitación ahora mismo?

숙박시설 고르는 방법

⚽ 스페인

- 에어컨과 난방 유무를 확인해야 합니다. 특히 여름에는 날씨가 많이 덥기 때문에 에어컨이 방에 있는지 확인 후 이용하는 것이 좋습니다.
- 너무 저렴한 숙소는 베드버그가 많기 때문에 추천하지 않습니다.
- 5층 정도의 호텔도 엘리베이터가 없는 경우가 많습니다. 무거운 짐을 생각해서 되도록 엘리베이터가 있는 숙소를 이용하세요.

🌿 남미

볼리비아의 코차밤바	코차밤바 시내 남쪽은 치안이 안 좋기로 유명한 곳입니다. 되도록 버스터미널, 시장 부근의 저렴한 숙소는 피하는 것이 좋습니다.
볼리비아의 우유니	소금 사막에 위치한 숙소는 대부분 난방이 되지 않는 곳입니다. 밤이 되면 기온이 급격히 떨어지므로 침낭을 꼭 준비하세요. 시내의 숙소는 온수가 제한적으로 나오는 곳이 많으므로 온수 사용 시간을 확인해야 합니다. *샤워시설만 제공하는 숙소도 있으므로, 간단하게 샤워만 하고 싶다면 숙소 앞에 'Hot Shower'라고 적힌 곳을 찾아가면 됩니다.
페루의 나스카	샤워시설 유무와 온수 제공 여부를 반드시 확인하세요.
페루의 쿠스코	고산지역이기 때문에 체력 소모가 덜 필요한 메인 광장(Plaza de armas)을 중심으로 숙소를 구하는 것을 추천합니다.
쿠바	베다도(Vedado) 지역이 타 지역에 비해 상대적으로 깨끗한 편입니다. 까사 빠르띠꿀라르(Casa Particular)는 미리 예약하기보다 숙소 정보만 파악한 후, 현지에서 직접 보고 고르는 것을 추천합니다. (115p 참고)

5-2 체크인하기

❶ OO 이름으로 방 하나를 예약했습니다.
(숫자 표현 부록 200쪽 참고)

❷ 전망 좋은 방으로 주세요.

❸ 방에 귀중품 보관함이 있나요?

❹ 와이파이 비밀번호가 뭐죠?

❺ 조식이 포함되어 있나요?

❻ 몇 시에, 어디서 조식을 먹나요?

❼ 더 큰 방은 없나요?

❽ 짐을 방으로 옮겨 주실래요?

❶ 에 르레세르바도 **우나**(1) 아비따씨온 아 놈브레 데 OO

He reservado una(1) habitación a nombre de OO.

❷ 끼에로 우나 아비따씨**온 꼰 부에나 비스따**

Quiero una habitación con buena vista.

> 바다가 보이는: 꼰 비스따 알 마르 con vista al mar
> 욕조가 있는: 꼰 바녜라 con bañera
> 조용한: 뜨랑낄라 tranquila

❸ 아이 **까하 푸에르떼** 엔 라 아비따씨온

¿Hay caja fuerte en la habitación?

❹ 꾸알 에스 라 꼰뜨라쎄냐 데 **위피**

¿Cuál es la contraseña de Wifi?

❺ 에스**따** 인끌루**이**도 엘 데사**유**노

¿Está incluido el desayuno?

❻ 아 께 오라 이 엔 **돈**데 뿌**에**도 데사유나르

¿A qué hora y en dónde puedo desayunar?

❼ 노 아이 **우**나 아비따씨**온 마**스 그란데

¿No hay una habitación más grande?

❽ 뽀드**리**아 예바르 엘 에끼**빠**헤 아 라 아비따씨온

¿Podría llevar el equipaje a la habitación?

5-3 서비스 요청 및 문의하기

❶ 수건이 하나 더 필요해요.
   (숫자 표현 부록 200쪽 참고)

❷ 헤어 드라이기를 쓸 수 있나요?

❸ 수영장은 몇 시까지 이용할 수 있나요?

❹ 청소는 나중에 부탁드립니다.

❺ 난방은 어떻게 끄나요?

❻ 근처에 좋은 레스토랑을 추천해 주실래요?

❼ 방 열쇠를 보관해 주시겠어요?

❽ 8시에 모닝콜 해주세요.
   (시간 표현 부록 202쪽 참고)

❶ 네쎄씨또 우나(1) 또아야 마스

Necesito una(1) toalla más.

> 비누: 운 하본 un jabón
> 휴지: 운 빠뻴 이히에니꼬 un papel higiénico
> 베개: 우나 알모아다 una almohada
> 이불: 우나 꼴챠 una colcha
> 치약: 우나 빠스따 데 디엔떼스 una pasta de dientes
> 칫솔: 운 쎄삐요 데 디엔떼스 un cepillo de dientes

❷ 뿌에도 우사르 엘 쎄까도르 데 뻴로

¿Puedo usar el secador de pelo?

> 휴대폰 충전기:
> 엘 까르가도르 데 모빌
> el cargador de móvil

❸ 아스따 께 오라 쎄 뿌에데 우사르 라 삐씨나

¿Hasta qué hora se puede usar la piscina?

※ 멕시코에서는 수영장을 주로 '라 알베르까 la alberca'라고 합니다.

❹ 림삐에 라 아비따씨온 마스 따르데, 뽀르 파보르

Limpie la habitación más tarde, por favor.

❺ 꼬모 쎄 아빠가 라 깔레팍씨온

¿Cómo se apaga la calefacción?

> 에어컨: 엘 아이레 아꼰디씨오나도
> el aire acondicionado
> TV: 라 뗄레비씨온 la televisión

❻ 뽀드리아 ㄹ레꼬멘다르메 알군 부엔 ㄹ레스따우란떼

¿Podría recomendarme algún buen restaurante?

❼ 뽀드리아 과르다르 미 야베

¿Podría guardar mi llave?

❽ 데스삐에르떼메 아 라스 오쵸(8), 뽀르 파보르

Despiérteme a las ocho(8), por favor.

5-4 불편사항 말하기

❶ 세면대가 막혔습니다.

❷ 방이 너무 시끄러워요.

❸ 방을 바꾸고 싶습니다.

❹ 따뜻한 물이 나오지 않네요.

❺ 수도꼭지에서 물이 새요.

❻ TV가 작동하지 않네요.

❼ 열쇠를 안에 두고 나왔습니다.

❽ 시트가 더러워요.

❶ 엘 라바보 에스따 아따스까도

El lavabo está atascado.

> 변기: 엘 이노도로 el inodoro
> 욕조: 라 바녜라 la bañera

---

❷ 라 아비따씨온 에스 무이 ㄹ루이도사

La habitación es muy ruidosa.

---

❸ 끼에로 깜비아르 데 아비따씨온

Quiero cambiar de habitación.

---

❹ 노 쌀레 아구아 깔리엔떼

No sale agua caliente.

> 찬물: 아구아 프리아 agua fría

---

❺ 엘 아구아 고떼아 델 그리포

El agua gotea del grifo.

---

❻ 라 뗄레비씨온 노 푼씨오나

La televisión no funciona.

> 에어컨: 엘 아이레 아꼰디씨오나도
>   el aire acondicionado
> 난방: 라 깔레팍씨온
>   la calefacción
> 샤워기: 라 두챠 la ducha

---

❼ 에 데하도 미 야베 아덴뜨로

He dejado mi llave adentro.

---

❽ 라 싸바나 에스따 쑤씨아

La sábana está sucia.

> 베개: 라 알모아다 la almohada
> 수건: 라 또아야 la toalla

5-5 체크아웃하기

❶ Q: 체크아웃이 몇 시인가요?
A: 12시까지입니다.
(시간 표현 부록 202쪽 참고)

❷ 지금 체크아웃 할게요.

❸ Q: 방 번호가 어떻게 되나요?
A: 202호입니다.
(숫자 표현 부록 200쪽 참고)

❹ 이 요금은 무엇인가요?

❺ 하루 더 머무르고 싶습니다.

❻ 3시까지 짐을 이곳에 보관할 수 있나요?
(시간 표현 부록 202쪽 참고)

❼ 택시를 불러주세요.

❽ 짐을 찾으러 왔습니다.

❶ Q: 아 께 오라 에스 엘 체크 아웃

¿A qué hora es el check-out?

A: 아스따 라스 도쎄(12)

Hasta las doce(12).

❷ 끼에로 아쎄르 엘 체크 아웃 아오라

Quiero hacer el check-out ahora.

❸ Q: 꾸알 에스 엘 누메로 데 라 아비따씨온

¿Cuál es el número de la habitación?

A: 에스 엘 도스씨엔또스 도스(202)

Es el doscientos dos(202).

❹ 꾸알 에스 에스떼 까르고

¿Cuál es este cargo?

❺ 끼에로 께다르메 운 디아 마스

Quiero quedarme un día más.

> 이틀: 도스 디아스 dos días
> 3일: 뜨레스 디아스 tres días

❻ 뽀드리아 과르다르 미 에끼빠헤 아끼 아스따 라스 뜨레스(3)

¿Podría guardar mi equipaje aquí hasta las tres(3)?

❼ 야메 운 딱씨, 뽀르 파보르

Llame un taxi, por favor.

❽ 벵고 아 르레꼬헤르 미 에끼빠헤

Vengo a recoger mi equipaje.

5-6 호스텔 이용하기

❶ 주방을 이용할 수 있나요?

❷ 방에 개별 옷장이 있나요?

❸ 방 종류는 어떤 게 있죠?

❹ 남녀공용 침실이 있나요?

❺ 개별 욕실인가요?

❻ 세탁은 어디서 하나요?

❼ 무료 인터넷이 제공되나요?

❶ **뿌에도** 우사르 라 꼬씨나
¿Puedo usar la cocina?

❷ 아이 **따끼야**스 엔 로스 도르미**또**리오스
¿Hay taquillas en los dormitorios?

❸ **께** 띠뽀스 데 도르미**또**리오스 띠에네
¿Qué tipos de dormitorios tiene?

❹ 띠에네 도르미**또**리오 **믹쓰또**
¿Tiene dormitorio mixto?

여성전용: 페메니노 femenino
남성전용: 마스꿀리노 masculino

❺ 에스 엘 **바뇨 쁘리바도**
¿Es el baño privado?

공용: 꼼빠르띠도 compartido

❻ **돈**데 뿌**에**도 라바르 미 **ㄹ로**빠
¿Dónde puedo lavar mi ropa?

❼ 아이 아쎄쏘 그라뚜**이**또 아 인떼르넬
¿Hay acceso gratuito a Internet?

숙박시설 종류

스페인

- hotel(오뗄): 5등급으로 나뉘어져 있고, 별의 개수로 표시
- residencia(ㄹ레시덴씨아): 레스토랑이 없는 호텔로 바 또는 커피숍에서 간단한 아침식사나 룸서비스를 제공받을 수 있습니다. 호텔이나 호스텔 뒤에 'R'이 적혀 있는 곳이 residencia입니다.
- hostal(오스딸): 호스텔로 알려진 숙박시설로 3등급이 있다.
- pensión(뻰씨온): 게스트하우스나 여관같은 느낌의 숙박시설로 저렴한 가격에 이용이 가능합니다.
- albergue(알베르게): 유스호스텔같은 느낌의 숙박시설로 산티아고의 순례자의 길 부근에서 많이 볼 수 있습니다.
- parador(빠라도르): 스페인에서만 볼 수 있는 숙박시설로, 정부에서 운영하는 국영 호텔입니다. 대부분 옛 성이나 궁전, 수도원 같은 예술적인 가치가 있고 역사적으로 기념이 되는 건물을 개조하여 만들었습니다. 가장 비싼 숙박비를 자랑하는 parador는 그라나다의 알람브라 궁전 안에 위치해 있습니다. 성수기에는 모든 parador의 비용이 만만치 않지만, 비수기에는 할인 행사를 많이 하기 때문에 기회가 된다면 한 번쯤은 이용할 만한 곳입니다.

남미&쿠바

- hotel(오뗄): 가장 일반적인 숙소로 5등급으로 나뉘어져 있고, 별의 개수로 표시
- hostal(오스딸): 저가형 호텔로 일반 가정집을 개조한 형태가 많습니다. 레시덴씨알(residencial) 또는 뽀사다(posada)라고도 부릅니다.
- hostel(오스뗄): 게스트하우스와 비슷한 형태로 도미토리와 공동 욕실로 이루어진 경우가 많습니다.
- hospedaje(오스뻬다헤): 현지인이 많이 이용하는 저렴한 숙박으로 민박과 같은 방식입니다.

• 쿠바의 독특한 숙박시설

- hotel(오뗄): 숙박비가 비싼 고급 호텔의 경우 좋은 서비스를 제공받지만, 3성급 이하의 호텔은 시설이나 서비스가 좋지 않은 경우도 많습니다.
- casa particular(까사 빠르띠꿀라르): 게스트하우스와 같은 느낌이지만 정부에서 관리하고 홍보하는 만큼 시설이 나쁘지 않습니다. 비수기에는 숙소 주인이 직접 호객행위를 하는 경우도 있습니다. 첫날 묵을 숙소 정도만 미리 예약하고, 나머지 기간은 현지에서 직접 보고 고르는 것도 하나의 방법입니다.

* casa particular 관련 정보를 얻을 수 있는 유용한 사이트
www.casaparticular.com
www.casaparticularcuba.org

멕시코 칸쿤

Capítulo 6

식사

- 6-1 자리 요청하기
- 6-2 레스토랑에서 주문하기 (1)
- 6-3 레스토랑에서 주문하기 (2)
- 📎 메뉴판 한 눈에 읽기
- 6-4 카페에서 주문하기
- 6-5 패스트푸드점에서 주문하기
- 6-6 서비스 요청 및 불편사항 말하기
- 6-7 계산하기
- ● 스페인 레스토랑 이용하기
- ● 스페인에서 꼭 먹어야 할 음식 Top 7

🌸 필요할 때 통하는 단어

대기 명단
리스따 데 에스뻬라
lista de espera

메뉴판
(스페인) 까르따
carta
(중남미) 메뉴
menú

오늘의 메뉴
메뉴 델 디아
menú del día

일반 생수
아구아 씬 가스
agua sin gas

탄산수
아구아 꼰 가스
agua con gas

탄산음료
르레프레스꼬
refresco

아메리카노
아메리까노
americano

냅킨
쎄르비예따
servilleta

접시 / 음식
쁠라또
plato

작은 사이즈
(스페인) 뻬께뇨
pequeño
(중남미) 치꼬
chico

중간 사이즈
메디아노
mediano

큰 사이즈
그란데
grande

세트메뉴
쁠라또 꼼비나도
plato combinado

셀프서비스
아우또쎄르비씨오
autoservicio

계산서
꾸엔따
cuenta

6-1 자리 요청하기

❶ Q: 예약하셨나요?
A: 네, ○○ 이름으로 예약했습니다. /
아니요, 안했습니다.

❷ 야외 테이블에 자리가 있나요?

❸ Q: 몇 분이신가요?
A: 두 명이 앉을 자리로 주세요.
(숫자 표현 부록 200쪽 참고)

❹ 금연석으로 주세요.

❺ 창가 쪽으로 앉고 싶어요.

❻ 여기 앉아도 되나요?

❼ 테이블 좀 치워 주실래요?

❽ 대기자 명단에 넣어 주실래요?

❶ Q: 띠에네 ㄹ레세르바

¿Tiene reserva?

A: 씨, 에 ㄹ레세르**바**도 아 **놈**브레 데 OO /

Sí, he reservado a nombre de OO. /

노, 노 **뗑**고 ㄹ레세르바

No, no tengo reserva.

❷ 띠에넨 메사스 알 **아**이레 **리**브레

¿Tienen mesas al aire libre?

❸ Q: **빠**라 **꽌**따스 뻬르**소**나스

¿Para cuántas personas?

A: **우**나 **메**사 빠라 도스(2) 뻬르**소**나스

Una mesa para dos(2) personas.

❹ **우**나 **메**사 빠라 노 푸마도레스 ─ 흡연석: 푸마도레스 fumadores

Una mesa para no fumadores.

❺ 끼에로 **우**나 **메**사 알 **라**도 데 라 벤**따**나

Quiero una mesa al lado de la ventana.

구석 쪽:
엔 엘 ㄹ링꼰
en el rincón
조용한:
뜨랑낄라 tranquila

❻ 뿌**에**도 쎈**따**르메 아**끼**

¿Puedo sentarme aquí?

❼ 뽀드**리**아 림삐**아**르 라 **메**사

¿Podría limpiar la mesa?

❽ 뽀드**리**아 뽀**네**르메 엔 **리**스따 데 에스**뻬**라

¿Podría ponerme en lista de espera?

6-2 레스토랑에서 주문하기 (1)

❶ (영어로 된) 메뉴판 주세요.

❷ 추천해 주실 만한 음식이 있나요?

❸ 두 명이 먹기에 충분한 양인가요?
(숫자 표현 부록 200쪽 참고)

❹ 오늘의 수프는 어떤 거죠?

❺ 오늘의 메뉴를 주문하고 싶습니다.

❻ 전채 요리로 샐러드를 주세요.

❼ 메인 요리로 빠에야를 주세요.

❽ 후식으로 플란을 주세요.

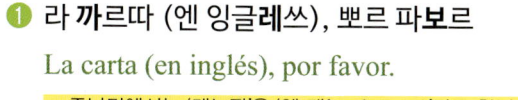

❶ **라 까**르따 (엔 잉글레쓰), 뽀르 파**보**르

La carta (en inglés), por favor.

※ 중남미에서는 '메뉴판'을 '**엘 메뉴** el menú'라고 합니다.

❷ **께** 메 ㄹ레꼬미**엔**다

¿Qué me recomienda?

❸ 에스떼 쁠**라**또 에스 수피씨**엔**떼 **빠**라 도스(2)

¿Este plato es suficiente para dos(2)?

❹ 꾸알 에스 라 **쏘**빠 데 오이

¿Cuál es la sopa de hoy?

❺ 끼**에**로 또**마**르 엘 메**누** 델 **디**아

Quiero tomar el menú del día.

❻ 데 쁘리**메**로 **우**나 엔쌀**라**다, 뽀르 파**보**르

De primero, una ensalada, por favor.

> 수프: **우**나 **쏘**빠 una sopa
> 따파스: **우**나스 **따**빠스 unas tapas

❼ 데 쎄**군**도 **우**나 빠**에**야, 뽀르 파**보**르

De segundo, una paella, por favor.

> 면요리(피데오): 피**데**오스 fideos
> 해산물: 마리스**꼬**스 mariscos
> 치킨요리: **뽀**요 pollo
> 스테이크: 운 비스**떽** un bistec /
>   운 필**레**떼 un filete

❽ 데 **뽀**스뜨레 **운** 플란, 뽀르 파**보**르

De postre, un flan, por favor.

> 아이스크림: 운 엘**라**도 un helado
> 제철과일: **우**나 프**루**따 델 띠엠뽀
>   una fruta del tiempo
> 케이크: 운 빠스**뗄** un pastel

6-3 레스토랑에서 주문하기 (2)

❶ Q: 마실 것은 무엇으로 하시겠습니까?
　A: 음료는 상그리아로 할게요.

❷ 무알콜 음료로 주세요.

❸ 이 음식에 맞는 와인을 추천해 주실래요?

❹ Q: 고기는 어떻게 해드릴까요?
　A: 미디엄으로 해주세요.

❺ 이 소스는 맵나요?

❻ 조금 덜 맵게 해주세요.

❼ 조금 덜 짜게 해주세요.

❽ 고수는 빼주세요.

❶ Q: **께 끼에레 베베르**

　　¿Qué quiere beber?

　A: **빠**라 베**베**르 **우**나 **쌍그리아**, 뽀르 파**보**르

　　Para beber, una sangría, por favor.

> 모히토: 운 모히또 un mojito　　　　주스: 운 쑤모 un zumo
> 맥주: 우나 쎄르베싸 una cerveza　　와인: 운 비노 un vino
> 탄산음료: 운 ㄹ레프레스꼬 un refresco

❷ 알**구**나 베**비**다 씬 알**꼴**, 뽀르 파**보**르

　Alguna bebida sin alcohol, por favor.

❸ **께 비**노 메 ㄹ레꼬미**엔**다 **빠**라 **에**스떼 **쁠라또**

　¿Qué vino me recomienda para este plato?

❹ Q: **꼬**모 레 **구**스따 라 **까**르네

　　¿Cómo le gusta la carne?

　A: **아 수 뿐또**, 뽀르 파**보**르

　　A su punto, por favor.

> 웰던: 비엔 에챠 bien hecha
> 레어: 뽀까 에챠 poca hecha

❺ **에**스 삐**깐**떼 **에**스따 **쌀싸**

　¿Es picante esta salsa?

❻ **메**노스 삐**깐**떼, 뽀르 파**보**르

　Menos picante, por favor.

❼ 꼰 **뽀**까 **쌀**, 뽀르 파**보**르

　Con poca sal, por favor.

❽ 씬 **씰란뜨로**, 뽀르 파**보**르

> 할라피뇨: 할라뻬뇨 jalapeño

　Sin cilantro, por favor.

🍅 메뉴판 한 눈에 읽기

Menu

🍅 아침 식사류 [데사**유**노] desayuno

계란 프라이	우에보 프리또 huevo frito	샌드위치	(스페인) 보까디오 bocadillo (미국) 싼드위치 sándwich
우유	레체 leche	시리얼	쎄레알 cereal
머핀	마그달레나 magdalena	잼	메르멜라다 mermelada
반숙	우에보 빠사도 뽀르 아구아 huevo pasado por agua	츄러스	츄ㄹ로쓰 churros
버터	만떼끼야 mantequilla	토스트	또스따다 tostada
스크램블 에그	우에보 ㄹ레부엘또 huevo revuelto	하몽	하몬 jamón

🍅 수프 [쏘빠] - sopa

가스파쵸	가스빠쵸 gazpacho	생선수프	쏘빠 데 뻬스까도 sopa de pescado
마늘수프	쏘빠 데 아호 sopa de ajo	콘소메	꼰쏘메 consomé

🍅 해산물 [마리스꼬] - marisco

게	깡그레호 cangrejo	새우	(스페인) 감바 gamba (중남미) 까마론 camarón
농어	뻬르까 perca	문어	뿔뽀 pulpo
대구	바깔라오 bacalao	조개	알메하스 almejas
랍스터	랑고스따 langosta	참치	아뚠 atún

🍅 메인 식사류 [쎄군도스] - segundos

밥	아ㄹ로쓰 arroz	스파게티	에스빠게띠스 espaguetis
빠에야	빠에야 paella	파스타	빠스따 pasta

🍅 고기 [까르네] - carne

갈비	츌레따 chuleta	소시지	쵸리쏘 chorizo
돼지고기	까르네 데 쎄르도 carne de cerdo	송아지 고기	떼르네라 ternera
립	꼬스띠야스 costillas	스테이크	비스떽 bistec / 필레떼 filete
미트볼	알본디가 albóndiga	안심	쏠로미요 solomillo
바비큐	바르바꼬아 barbacoa	양고기	까르데 데 꼬르데로 carne de cordero
베이컨	(스페인) 바꼰 bacón (중남미) 또씨노 tocino	치킨	뽀요 pollo
소꼬리	꼴라 데 부에이 cola de buey	토끼고기	꼬네호 conejo

🍅 음료 [베비다] - bebida

레드 와인	비노 띤또 vino tinto	화이트 와인	비노 블랑꼬 vino blanco
맥주	쎄르베싸 cerveza	생맥주	까냐 caña
상그리아	쌍그리아 sangría	탄산음료	르레프레스꼬 refresco

🍅 후식 [뽀스뜨레] - postre

과일	프루따 fruta	젤라틴	헬라띠나 gelatina
비스킷	가예따 galleta	케이크	빠스뗄 pastel

🍅 소스류 [쌀사] - salsa

간장	쌀싸 데 쏘하 salsa de soja	사워크림	나따 아그리아 nata agria
겨자	모스따싸 mostaza	설탕	아쑤까르 azúcar
고수	씰란뜨로 cilantro	소금	쌀 sal
꿀	미엘 miel	올리브유	아쎄이떼 데 올리바 aceite de oliva
마요네즈	마요네싸 mayonesa	후추	삐미엔따 pimienta

-요리방식
구운: 아사도 asado, 잘 익은: 비엔 에챠 bien hecha, 오븐구이: 알 오르노 al horno, 찐: 알 바뽀르 al vapor, 철판구이: 아 라 쁠란챠 a la plancha

6-4 카페에서 주문하기

❶ 카페라떼 한 잔 주세요.

❷ 초코 셰이크 한 잔 주세요.

❸ 딸기 스무디 한 잔 주세요.

❹ 아이스로 주세요.

❺ 시럽을 더 넣어주세요. (시럽은 빼주세요.)

❻ Q: 사이즈는 어떤 걸로 드릴까요?
　A: 작은 걸로 주세요.

❼ 얼음을 좀 더 주실래요?

❶ 운 **까페 꼰 레체**, 뽀르 파보르

Un café con leche, por favor.

> 아메리카노: 아메리까노 americano
> 디카페인 커피: 까페 데스까페이나도 café descafeinado
> 에스프레소+우유 소량: 꼬르따도 cortado
> 에스프레소: 까페 쏠로 café solo

❷ 운 리꾸**아**도 데 쵸꼴**라**떼, 뽀르 파보르

Un licuado de chocolate, por favor.

※ 멕시코에서는 스무디를 '리꾸**아**도 licuado', 쉐이크를 '말떼**아**다 malteada' 라고도 합니다.

❸ 운 바**띠**도 데 **프레사**, 뽀르 파**보**르

Un batido de fresa, por favor.

> 레몬: 리몬 limón 라임: 리마 lima
> 복숭아: (스페인) 멜로꼬똔 melocotón / (중남미) 두라쓰노 durazno
> 아보카도: 아구아까떼 aguacate
> 바나나: (스페인, 멕시코) 쁠라따노 plátano / (중남미) 바나나 banana

❹ 꼰 이**엘**로, 뽀르 파**보**르

Con hielo, por favor.

❺ **마**스 시로뻬, 뽀르 파보르 (씬 시로뻬, 뽀르 파보르)

Más sirope, por favor. (Sin sirope, por favor.)

❻ Q: 데 께 따마뇨

¿De qué tamaño?

A: 뻬께**뇨**, 뽀르 파보르

Pequeño, por favor.

> 큰: 그란데 grande
> 중간: 메디아노 mediano
> * 남미에서는 작은 사이즈를 '치꼬 chico'라고 합니다.

❼ 뽀드**리**아 뽀네르 **마**스 이**엘**로

¿Podría poner más hielo?

6-5 패스트푸드점에서 주문하기

① 세트 메뉴 5번 주세요.
(숫자 표현 부록 200쪽 참고)

② 햄버거랑 콜라 큰 거 하나 주세요.

③ 핫도그랑 감자튀김 주세요.

④ Q: 드시고 가시나요? 가져가시나요?
A: 여기서 먹을게요. / 가져갈게요.

⑤ 셀프서비스인가요?

⑥ 선불인가요?

⑦ 머스터드는 빼고 주세요.

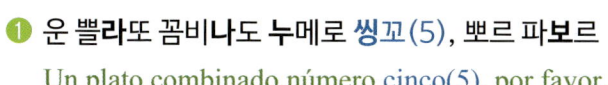

❶ 운 쁠라또 꼼비나도 누메로 씽꼬(5), 뽀르 파보르

Un plato combinado número cinco(5), por favor.

---

❷ 우나 암부르게사 이 우나 꼬까 꼴라 그란데

Una hamburguesa y una coca-cola grande.

> 작은: 뻬께뇨 pequeño
> 중간: 메디아노 mediano
> * 중남미에서는 작은 사이즈를 '치꼬 chico'라고 합니다.

---

❸ 운 뻬르로 깔리엔떼 이 우나스 빠따따스 프리따스

Un perro caliente y unas patatas fritas.

※ 중남미에서는 감자튀김을 '빠빠스 프리따스 papas fritas'라고 합니다.

---

❹ Q: 꼬메르 아끼 오 빠라 예바르

¿Comer aquí o para llevar?

A: 꼬메르 아끼 / 빠라 예바르

Comer aquí. / Para llevar.

---

❺ 아끼 에스 아우또쎄르비씨오

¿Aquí es autoservicio?

---

❻ 뗑고 께 빠가르 뽀르 아델란따도

¿Tengo que pagar por adelantado?

---

❼ 씬 모스따싸, 뽀르 파보르

Sin mostaza, por favor.

> 마요네즈: 마요네싸 mayonesa
> 양파: 쎄보야 cebolla
> 아보카도: 아구아까떼 aguacate

6-6 서비스 요청 및 불편사항 말하기

❶ 주문을 변경할 수 있을까요?

❷ 더 기다려야 되나요?

❸ 이건 제가 주문한 게 아닙니다.

❹ 포크 좀 가져다주실래요?

❺ 조금 더 데워주실래요?

❻ 고기가 너무 익었어요.

❼ 음식이 탔네요.

❽ 컵이 더러워요.

① **뿌에도 깜비아르 미 뻬디도**

¿Puedo cambiar mi pedido?

② **뗑고 께 에스뻬라르 마스**

¿Tengo que esperar más?

③ **에스또 노 에스 로 께 에 뻬디도**

Esto no es lo que he pedido.

④ 메 다 **운 떼네도르**, 뽀르 파보르

¿Me da un tenedor, por favor?

> 스푼: 우나 꾸챠라 una cuchara
> 나이프: 운 꾸치요 un cuchillo
> 냅킨: 우나스 쎄르비예따스 unas servilletas
> 젓가락: 우노스 빨리요스 치노스 unos palillos chinos

⑤ **뽀드리아 깔렌따르를로 마스**

¿Podría calentarlo más?

⑥ **에스따 데마시아도 에챠**

Está demasiado hecha.

⑦ **에스따 께마다**

Está quemada.

⑧ 엘 **바쏘** 에스**따** 쑤씨오

El vaso está sucio.

> 스푼: 라 꾸챠라 la cuchara
> 나이프: 엘 꾸치요 el cuchillo

6-7 계산하기

① 계산서 주세요.

② 자리에서 계산하나요?

③ 총 얼마예요?

④ 팁이 포함된 금액인가요?

⑤ 봉사료가 포함된 금액인가요?

⑥ 신용카드로 지불할 수 있나요?

⑦ 금액이 잘못된 것 같네요.

⑧ 잔돈은 괜찮습니다.

❶ 라 꾸**엔**따, 뽀르 파**보**르
La cuenta, por favor.

❷ **빠**고 엔 라 **메**사
¿Pago en la mesa?

❸ **꽌**또 꾸**에**스따 엔 또**딸**
¿Cuánto cuesta en total?

❹ 에스**따** 인끌루**이**다 라 쁘로**삐**나
¿Está incluida la propina?

❺ 에스**따** 인끌루**이**도 엘 쎄르**비**씨오
¿Está incluido el servicio?

❻ 뿌**에**도 빠가르 꼰 따르**헤**따
¿Puedo pagar con tarjeta?

❼ 엘 쁘레씨오 에스 인꼬ㄹ렉또
El precio es incorrecto.

❽ **께**데쎄 꼰 엘 **깜**비오
Quédese con el cambio.

스페인 레스토랑 이용하기

- 대부분 입구에 메뉴판이 있으므로 가격과 음식을 미리 보고 선택할 수 있습니다.
- 우리나라와 달리 물은 사서 마셔야 하고, 테이블 위의 빵도 비용이 추가되는 경우가 있습니다.
- 여름철 야외 테라스와 실내 중 자리를 고를 수 있는 레스토랑이 많은데, 테라스석에 추가금이 있는 경우가 있습니다.
- 스페인의 레스토랑 등급은 포크의 개수로 표시하여 1개부터 5개까지 나누고, 5개 포크가 최고 등급을 나타냅니다.
- 점심시간은 보통 1시 반부터 4시 정도까지이고, 저녁시간은 8시부터 12시 정도까지입니다.
- '메뉴 델 디아 Menú del día'(오늘의 메뉴)는 보통 빵과 음료가 포함된 코스 요리로 저렴한 가격에 다양한 음식을 맛볼 수 있는 장점이 있어 관광객들이 자주 찾습니다.
- 웨이터가 자리를 안내해 줄 때까지 기다립니다. 전체적인 서비스가 우리나라보다 느린 편이므로 그들의 문화에 맞춰 재촉하지 말고 기다리는 것이 좋습니다.
- 식사 도중 웨이터에게 요청할 일이 있을 경우 부르는 것보다 손을 들거나 눈을 마주치면 응대해 주므로 되도록 웨이터를 부르는 일은 삼가세요.
- 팁은 의무는 아니지만 보통 식비의 5%나 거스름돈 일부의 동전을 남겨두는 것이 좋습니다.

스페인에서 꼭 먹어야 할 음식 Top 7

1

빠에야 Paella

스페인식 볶음밥입니다. 기본 2인분으로 구성된 경우가 많으므로 주문 전 미리 물어보는 것도 좋겠죠?

2

추로스 Churros

우리나라에서 흔히 보는 추로스와는 조금 다른 간식으로, 스페인 사람들은 아침식사 대용으로도 즐겨 먹습니다. 따뜻한 초콜라떼에 찍어 먹으면 환상의 맛!

3

하몬 Jamón

돼지고기 넓적다리 살을 훈연, 건조 또는 숙성하여 만든 햄으로 주요 관광지에 '무세오 델 하몬 Museo del jamón'이라는 가장 유명한 하몬 체인점이 있습니다.

4

상그리아 Sangría

포도주에 탄산수, 레몬즙, 과일 등을 넣어 차갑게 마시는 일종의 과일주와 비슷한 음료입니다.

5

가스파쵸 Gazpacho

차갑게 먹는 토마토 수프입니다.

6

감바스 알 아히요 Gambas al ajillo

전채요리의 일종으로 새우와 마늘을 올리브유에 끓여 만든 음식입니다. 스페인어로 감바스(gambas)는 '새우'를 뜻하고, 아히요(ajillo)는 '마늘 소스'를 뜻합니다.

7

꼬치니요 아사도 Cochinillo asado

새끼돼지 통구이로 마드리드의 근교도시 세고비아에서 유명한 음식입니다. 세고비아의 수도교 바로 앞에 위치한 '메손 데 깐디도 Mesón de Candido'가 이 요리로 유명한 맛집입니다. 유명한 만큼 예약은 필수!

볼리비아 우유니

Capítulo 7

관광

- **7-1** 투어 문의하기 (1)
- **7-2** 투어 문의하기 (2)
- **7-3** 관광지 방문하기 (1)
- **7-4** 관광지 방문하기 (2)
- 📎 스페인, 여기는 꼭!
- **7-5** 축구 경기 관람하기
- 스페인 관광지별 Tip!
- 남미 관광지별 Tip!

✿ 필요할 때 통하는 단어

개관시간	폐관시간	여행 일정
오라리오 데 아뻬르뚜라	오라리오 데 씨에ㄹ레	이띠네라리오
horario de apertura	**horario de cierre**	**itinerario**

매표소	무료	할인 티켓
따끼야	그라띠스/그라뚜이또	엔뜨라다 꼰 데스꾸엔또
taquilla	**gratis/gratuito**	**entrada con descuento**

어른	입구 / 입장권	출구
아둘또	엔뜨라다	쌀리다
adulto	**entrada**	**salida**

지도	팜플렛	한국어
쁠라노	포예또	꼬레아노
plano	**folleto**	**coreano**

투어	공연	사진
엑쓰꼬루씨온	에스뻭따꿀로	포또
excursión	**espectáculo**	**foto**

가이드 투어	화장실	수하물 보관소
비씨따 기아다	아쎄오스 **aseos** / 바뇨 **baño**	꼰씨그나
visita guiada		**consigna**

7-1 투어 문의하기 (1)

❶ 관광 안내소가 어디 있나요?

❷ 도시 지도를 주실 수 있나요?

❸ 한국어로 된 안내책자가 있습니까?

❹ 가 볼 만한 곳을 가르쳐 주실래요?

❺ 이 지도에 표시해 주세요.

❻ 투어 일정표를 보고 싶습니다.

❼ 추천할 만한 투어 프로그램이 있나요?

❽ 투어에 어떤 게 포함되죠?

 7-1

❶ **돈**데 에스**따** 라 오피**씨**나 데 뚜**리**스모
¿Dónde está la oficina de turismo?

❷ 뽀드**리**아 **다**르메 운 쁠**라**노 데 씨우**닫**
¿Podría darme un plano de ciudad?

❸ 띠**에**네 포**예**또스 엔 **꼬**레**아**노

> 영어: 잉글레쓰 inglés
> 중국어: **치**노 chino
> 일본어: 하뽀**네**쓰 japonés
> 스페인어: 에스빠**뇰** español

¿Tiene folletos en coreano?

❹ 뽀드**리**아 엔쎄**냐**르메 로스 **씨**띠오스 인떼레**싼**떼스
¿Podría enseñarme los sitios interesantes?

❺ **마**르께로 엔 **에**스떼 쁠**라**노, 뽀르 파**보**르
Márquelo en este plano, por favor.

❻ 꾸**알** 에스 엘 이띠네**라**리오
¿Cuál es el itinerario?

❼ 아이 알**구**나 엑쓰꾸르씨**온** ㄹ레꼬멘**다**블레
¿Hay alguna excursión recomendable?

❽ **께** 인끌루**예** 라 엑쓰꾸르씨**온**
¿Qué incluye la excursión?

7-2 투어 문의하기 (2)

❶ 투어는 얼마나 소요되나요?

❷ Q: 몇 시에 출발하나요?
A: 아침 8시에 출발합니다.
(시간 표현 부록 202쪽 참고)

❸ 어디서 출발하나요?

❹ 투어 중간에 잠깐 여유가 있나요?

❺ 날씨가 좋지 않으면 취소되나요?

❻ 이 투어로 예약하고 싶습니다.

❼ 투어 요금은 1인당 얼마죠?

❽ 학생 할인은 안 되나요?

① **꽌**또 띠**엠**뽀 쎄 **따**르다 라 엑쓰꾸르씨**온**

¿Cuánto tiempo se tarda la excursión?

② Q: 아 **께 오**라 **쌀**레

¿A qué hora sale?

A: 아 라스 **오쵸**(8) 데 라 마**냐**나

A las ocho(8) de la mañana.

③ 데 **돈**데 **쌀**레

¿De dónde sale?

④ 쎄 ㄹ레알리**싼** 빠**라**다스 엔 라 엑쓰꾸르씨**온**

¿Se realizan paradas en la excursión?

⑤ 쎄 깐쎌라**라** 엔 **까**소 데 말 띠**엠**뽀

¿Se cancelará en caso de mal tiempo?

⑥ 끼**에**로 ㄹ레쎄르**바**르 **에**스따 엑쓰꾸르씨**온**

Quiero reservar esta excursión.

⑦ **꽌**또 꾸**에**스따 라 엑쓰꾸르씨**온** 뽀르 뻬르**쏘**나

¿Cuánto cuesta la excursión por persona?

⑧ 노 아이 데스꾸**엔**또 빠라 에스뚜디안떼스

¿No hay descuento para estudiantes?

어린이: **니**뇨스 niños
어르신: 마요레스 mayores

7-3 관광지 방문하기 (1)

❶ 매표소는 어디 있나요?

❷ 한국어로 된 오디오 가이드가 있습니까?

❸ 관람시간이 어떻게 되나요?

❹ 인터넷으로 예매했어요.

❺ (오디오 가이드 포함) 입장료는 얼마인가요?

❻ 물품보관함이 있나요?

❼ 예매했는데, 줄은 안서도 되나요?

❽ 입구는 어디 있나요?

❶ 돈데 에스**따** 라 따**끼**야
¿Dónde está la taquilla?

> 입구: 라 엔뜨라다 la entrada
> 출구: 라 쌀리다 la salida

❷ 띠**에**네 아우디오**기**아 엔 꼬레**아**노
¿Tiene audioguía en coreano?

> 영어: 잉글레쓰 inglés
> 중국어: 치노 chino
> 일본어: 하뽀네쓰 japonés
> 스페인어: 에스빠뇰 español

❸ 꾸**알** 에스 엘 오**라**리오
¿Cuál es el horario?

❹ 에 ㄹ레세르**바**도 뽀르 인떼르**넷**
He reservado por Internet.

❺ **꽌**또 꾸**에**스따 라 엔뜨**라**다 (꼰 아우디오**기**아)
¿Cuánto cuesta la entrada (con audioguía)?

❻ 아이 알**구**나 꼰씨그나
¿Hay alguna consigna?

❼ 에 꼼쁘**라**도 라 엔뜨**라**다 뿌**에**도 엔뜨라르 씬 아**쎄**르 **꼴**라
He comprado la entrada. ¿Puedo entrar sin hacer cola?

❽ 돈데 에스**따** 라 엔뜨**라**다
¿Dónde está la entrada?

> 출구: 쌀리다 salida

7-4 관광지 방문하기 (2)

❶ 화장실은 어디 있나요?

❷ 여기서 사진 찍을 수 있나요?

❸ 플래시를 사용해도 되나요?

❹ 저랑 함께 사진 찍으실래요?

❺ 사진 찍어주실래요?

❻ (사진기에서) 여기를 누르세요.

❼ 기념품은 어디서 사나요?

❽ 영어로 진행하는 박물관 안내 서비스가 있나요?

❶ 돈데 에스딴 로스 아쎄오스
¿Dónde están los aseos?
※ 중남미에서는 화장실을 '쎄르비씨오스 servicios'라고 합니다.

❷ 뿌에도 싸까르 포또스 아끼
¿Puedo sacar fotos aquí?

❸ 쎄 뿌에데 우사르 플라쉬
¿Se puede usar flash?

❹ 뽀드리아 싸까르 우나 포또 꼰미고
¿Podría sacar una foto conmigo?

❺ 뽀드리아 싸까르메 우나 포또
¿Podría sacarme una foto?

❻ 쏠로 쁘레씨오네 아끼
Solo presione aquí.

❼ 돈데 뿌에도 꼼쁘라르 로스 ㄹ레꾸에르도스
¿Dónde puedo comprar los recuerdos?

❽ 띠에네 비씨따 기아다 엔 잉글레스
¿Tiene visita guiada en inglés?

스페인, 여기는 꼭!

(1) 마드리드

- 솔 광장 (뿌에르따 델 쏠 Puerta del Sol)

  모든 도로가 이곳에서 뻗어나가는 상징적인 광장으로 광장 한 켠에 0km가 적힌 표식이 있습니다. 이 표식을 밟으면 다시 이곳으로 돌아온다는 속설이 있답니다.

- 마요르 광장 (쁠라싸 마요르 Plaza Mayor)

  마드리드의 메인 광장으로 스페인 사람들에게 여러 의미의 장소로 꼽히는 곳입니다.

- 프라도 미술관 (무세오 델 쁘라도 Museo del Prado)

  벨라스케스, 고야 등 유명 화가들의 작품을 볼 수 있는 곳으로 세계 3대 미술관 중 하나입니다.

  *무료 입장 (월~토 오후 6시 이후, 일요일 및 공휴일 오후 5시 이후)

- 스페인 광장 (쁠라싸 데 에스빠냐 Plaza de España)

  쇼핑 거리 그란 비아(Gran vía)로 이어지는 곳에 위치한 광장으로 스페인 대표 작가 '미겔 데 세르반테스'의 사후 300주년 기념비가 있습니다.

마드리드 주요 관광지 스페인어 명칭	
시벨레스 광장	**쁠라**싸 데 씨**벨**레스 Plaza de Cibeles
레이나 소피아 왕비 예술 센터	**쎈**뜨로 데 **아**르떼 **ㄹ**레이나 쏘**피**아 Centro de Arte Reina Sofía
레티로 공원	**빠**르께 델 ㄹ레**띠**로 Parque del Retiro
스페인 은행	**방**꼬 데 에스**빠**냐 Banco de España
국립 왕궁	빨라씨오 ㄹ레**알** Palacio Real

(2) 바르셀로나

- 성 가족 성당 (라 사그라다 파밀리아 La Sagrada Familia)

스페인 대표 건축가 '안토니오 가우디'가 설계한 성당으로, 현재도 계속 건설 중에 있습니다. 성당 외벽은 동쪽 탄생의 파사드, 남쪽 영광의 파사드, 서쪽 수난의 파사드로 나뉘어 조각되어 있고, 그 중 가우디의 작품은 탄생의 파사드입니다. 여유가 있다면 파사드 위의 탑에도 올라가 볼 것을 추천합니다.(탑 이용료 별도)

*예매 사이트: http://www.sagradafamilia.org/en/tiquets/

- 구엘공원 (빠르께 구엘 Parque Güell)

이상적인 전원도시를 조성하고 싶은 구엘 백작의 생각을 가우디가 실현한 작품으로 추후 시민들을 위한 공원으로 구성되어 개방하였습니다. 바르셀로나 곳곳에서 볼 수 있는 모자이크 타일의 도마뱀은 바로 이 구엘공원에서 직접 볼 수 있습니다.

*예매 사이트: http://www.parkguell.cat/en/buy-tickets/

바르셀로나 주요 관광지 스페인어 명칭	
람블라스 거리	라스 ㄹ**람**블라스 Las Ramblas
까탈루냐 광장	쁠**라**싸 데 까딸**루**냐 Plaza de Cataluña [Plaça Catalunya]
레이알 광장	쁠**라**싸 ㄹ레이알 Plaza de Reial [Plaça Reial]
몬쥬익 언덕	**몬**유익 Montjuic [Montjuïc]
까사 밀라	**까**사 밀**라** (라 뻬드레**라**) Casa Milá (La Pedrera) [Casa Milà]
까사 바트요	**까**사 바뜨요 Casa Batlló

*'[ ]' 안의 표기는 까탈루냐어입니다.

7-5 축구 경기 관람하기

① 경기장과 가까운 자리로 주세요.

② **두** 장 연석으로 주세요.
 (숫자 표현 부록 200쪽 참고)

③ 경기가 몇 시에 시작하나요?

④ 몇 시부터 입장할 수 있나요?

⑤ 이것을 가지고 입장할 수 있나요?

⑥ 축구 유니폼은 어디서 살 수 있나요?

⑦ 이곳은 무슨 줄인가요?

⑧ **이 자리**는 어디인가요?

❶ 끼에로 운 아씨엔또 마스 쎄르까노 알 깜뽀 데 후에고
Quiero un asiento más cercano al campo de juego.

❷ 끼에로 도스(2) 엔뜨라다스 꼰세꾸띠바스
Quiero dos(2) entradas consecutivas.

❸ 아 께 오라 엠삐에싸 엘 빠르띠도
¿A qué hora empieza el partido?

❹ 데스데 께 오라 뿌에도 엔뜨라르
¿Desde qué hora puedo entrar?

❺ 뿌에도 예바르 에스또
¿Puedo llevar esto?

❻ 돈데 뿌에도 꼼쁘라르 엘 우니포르메
¿Dónde puedo comprar el uniforme?

❼ 빠라 께 에스 에스따 꼴라
¿Para qué es esta cola?

❽ 돈데 에스따 에스떼 아씨엔또
¿Dónde está este asiento?

> 출입구: 에스따 뿌에르따 esta puerta
> 구역: 에스떼 쎅또르 este sector
> 열: 에스따 필라 esta fila

스페인 관광지별 Tip!

스페인의 박물관은 입장 시 가방 및 휴대품을 소지할 수 없는 경우가 많고, 보통 물도 반입이 금지되며 규모가 큰 곳 일수록 소지품 검사가 철저합니다. 플래시만 아니라면 사진 촬영은 대부분 허용되므로, 카메라와 간단한 소지품만 들고 입장하세요.

바르셀로나 성 가족 성당	- 성당 일부 구역은 옷차림에 따라 입장을 제한할 수 있습니다. 성당에 가는 만큼 옷차림을 단정하게 하고 가기 바랍니다. - 탑에 올라가는 시간을 반드시 지켜 미리 준비하세요.
바르셀로나 가우디 건축물	- 인기가 많은 만큼 성수기에는 예매가 필수입니다. - 까사 밀라와 까사 바트요 중 부득이하게 한 곳만 방문한다면, 까사 밀라를 추천합니다. (단, 개인차에 따라 다르므로 미리 정보를 검색한 후 방문하세요.)
그라나다 알람브라 궁전	- 미리 신용카드로 예매한 경우, 결제한 카드는 반드시 지참해야 합니다. - 나사리에스 궁전(Palacios Nazaries)에 입장하는 시간은 표에 기재되어 있으며, 해당 시간보다 미리 줄을 서서 대기하세요.
마드리드 레티로 공원	- 낮에는 아름다운 공원이지만, 밤에는 치안이 그다지 좋지 않으므로 혼자 여행할 경우 가급적 밤에는 가지 않도록 합니다.
마드리드 마요르 광장	- 행위 예술가나 분장을 한 사람들이 사진 촬영을 해주는 경우가 있는데, 이는 팁을 지불해야 하는 경우가 많으므로 유의하세요.

남미 관광지별 Tip!

아르헨티나 이과수 폭포	- 입장료는 아르헨티나 페소로만 구입할 수 있습니다. - 폭포의 하이라이트 '악마의 목구멍'을 보려면 기차를 이용해야 하는데, 기차는 30분 간격으로 운영되며 오후 4시 30분 이후에는 운행하지 않으므로 주의하세요.
칠레 또레스 델 파이네	- 방풍, 방수에 반드시 대비해야 합니다. - 배낭의 무게는 최소한으로 하고 되도록 주변 산장 등에 짐을 보관한 후 이동하는 것을 추천합니다.
페루&볼리비아 티티카카 호수	- 햇빛이 호수에 반사되어 눈에 영향을 주므로 선글라스는 필수입니다. - 피부 보호를 위해 선크림과 긴팔 옷도 함께 준비하세요.
페루 마추픽추	- 유적지 내에 화장실이 없으므로 유의하세요.

아르헨티나 이과수 폭포

페루 마추픽추

Capítulo 8

쇼핑

- 8-1 둘러보기
- 8-2 제품 문의하기
- 8-3 착용하기
- 8-4 구입하기 (1)
- 8-5 구입하기 (2)
- 8-6 교환 및 환불하기
- 8-7 시장&마트 이용하기
- 스페인과 남미의 쇼핑 아이템
- 스페인 쇼핑 Tip!

🌸 필요할 때 통하는 단어

가죽제품	기념품	선물
아르띠꿀로스 데 꾸에로	르레꾸에르도스	르레갈로
artículos de cuero	**recuerdos**	**regalo**

화장품	티셔츠	브랜드
꼬스메띠꼬스	까미쎄따	마르까
cosméticos	**camiseta**	**marca**

슈퍼마켓	시장	사이즈
수뻬르메르까도	메르까도	(옷) 따야 / (신발) 누메로
supermercado	**mercado**	**talla / número**

탈의실	진열장	가격
쁘로바도르	에스까빠라떼	쁘레씨오
probador	**escaparate**	**precio**

할인	계산대	봉투
데스꾸엔또	까하	볼사
descuento	**caja**	**bolsa**

영수증	교환	환불
르레씨보	깜비오	르레엠볼소
recibo	**cambio**	**reembolso**

8-1 둘러보기

❶ 의류 코너는 어디 있나요?

❷ 화장품 코너는 몇 층인가요?

❸ 스페인의 특색이 있는 것을 사고 싶습니다.
   (나라 이름 부록 205쪽 참고)

❹ 쇼윈도에 있는 재킷을 보고 싶습니다.

❺ 이것 좀 보여주세요.

❻ 다른 스타일이 있나요?

❼ 이 모델로 다른 색상이 있나요?

❽ 그냥 둘러보는 중입니다.

❶ 돈데 에스**따** 라 쎅씨**온** 데 **ㄹ로빠**
¿Dónde está la sección de ropa?

> 화장품: 꼬스메띠꼬스 cosméticos
> 신발: 싸빠또스 zapatos
> 스포츠: 데뽀르떼스 deportes
> 전자제품: 엘렉뜨로니꼬스 electrónicos

❷ 엔 께 쁠란**따** 에스**따** 라 쎅씨**온** 데 **꼬스메띠꼬스**
¿En qué planta está la sección de cosméticos?

❸ 끼**에**로 꼼쁘**라**르 알고 **띠**삐꼬 데 **에스빠냐**
Quiero comprar algo típico de España.

❹ 끼**에**로 베르 **라 차케따** 엔 엘 에스까빠**라**떼
Quiero ver la chaqueta en el escaparate.

> 치마: 라 팔다 la falda
> 티셔츠: 라 까미쎄따 la camiseta
> 셔츠: 라 까미사 la camisa
> 바지: 로스 빤딸로네스 los pantalones
> 신발: 로스 싸빠또스 los zapatos

❺ 데헤메 베르 **에스또**, 뽀르 파**보**르
Déjeme ver esto, por favor.

❻ 아이 **오**뜨로 에스**띨**로
¿Hay otro estilo?

❼ 띠**에**네 **오**뜨로 꼴**로**르 엔 **에스**떼 **모**델로
¿Tiene otro color en este modelo?

❽ 쏠로 에스**또**이 미란도
Solo estoy mirando.

8-2 제품 문의하기

❶ 어떤 소재로 만든 건가요?

❷ 어떻게 작동하나요?

❸ 이것은 어디에 쓰는 건가요?

❹ 보증서가 있나요?

❺ 가장 인기 있는 품목이 어떤 거죠?

❻ 민감성 피부용인가요?

❼ 추천해 주실 브랜드가 있나요?

❽ 할인 중인가요?

❶ **데 께 마떼리알 에스**

¿De qué material es?

❷ **꼬모 푼씨오나**

¿Cómo funciona?

❸ **빠라 께 씨르베 에스또**

¿Para qué sirve esto?

❹ **띠에네 쎄르띠피까도 데 가란띠아**

¿Tiene certificado de garantía?

❺ **꾸알 에스 엘 마스 뽀뿔라르**

¿Cuál es el más popular?

❻ **에스 빠라 삐엘레스 쎈씨블레스**

¿Es para pieles sensibles?

> 지성: 그라싸스 grasas
> 건성: 쎄까스 secas
> 복합성: 믹쓰따스 mixtas

❼ **께 마르까 메 ㄹ레꼬미엔다**

¿Qué marca me recomienda?

❽ **에스따 데 ㄹ레바하스**

¿Está de rebajas?

8-3 착용하기

❶ 제 사이즈를 모르겠어요.

❷ 사이즈 조견표가 있나요?

❸ 제 사이즈는 M입니다.

❹ 탈의실은 어디 있나요?

❺ 입어 봐도(신어 봐도, 사용해 봐도) 될까요?

❻ 사이즈가 딱 맞네요.

❼ 조금 큰 것 같아요.

❽ 한 사이즈 큰 걸로 주세요.

❶ 노 쎄 꾸알 에스 미 따야

No sé cuál es mi talla.

※ 옷 사이즈는 '**따**야 talla', 신발 사이즈는 '**누**메로 número'라고 합니다.

---

❷ 띠에네 **따**블라 데 **따**야스

¿Tiene tabla de tallas?

---

❸ 미 **따**야 에스 **에**메

Mi talla es M.

> XS: 엑끼스에쎄
> S: 에쎄
> L: 엘레
> XL: 엑끼스엘레

---

❹ **돈**데 에스**따** 엘 쁘로바도르

¿Dónde está el probador?

---

❺ 뿌**에**도 쁘로바르메

¿Puedo probarme?

---

❻ 메 **께**다 비엔

Me queda bien.

---

❼ 에스 운 **뽀**꼬 그란데

Es un poco grande.

> 작은: 뻬께뇨 pequeño
> 긴: 라르고 largo
> 짧은: 꼬르또 corto

---

❽ 데메 우나 **따**야 마스 그란데, 뽀르 파보르

Deme una talla más grande, por favor.

> 작은: 뻬께뇨 pequeño

8-4 구입하기 (1)

❶ 이걸로 할게요.

❷ 계산대는 어디 있나요?

❸ 다해서 얼마죠?

❹ 할인된 가격인가요?

❺ 할인은 안 되나요?

❻ 비싸네요.

❼ 할인카드를 가지고 있습니다.

❽ 세금 환급(tax refund)을 받을 예정입니다.

❶ 메 로 **예보**

Me lo llevo.

❷ **돈**데 에스**따** 라 **까**하

¿Dónde está la caja?

❸ **꽌**또 에스 엔 또**딸**

¿Cuánto es en total?

❹ 에스 **에스**떼 엘 쁘레**씨**오 ㄹ레**바**하도

¿Es este el precio rebajado?

❺ 노 아이 데스꾸**엔**또

¿No hay descuento?

❻ 에스 **까**로

Es caro.

❼ **뗑**고 라 따르**헤**따 데 데스꾸**엔**또

Tengo la tarjeta de descuento.

❽ 옵뗀드**레** 라 데볼루씨**온** 데 이바

Obtendré la devolución de IVA.

8-5 구입하기 (2)

❶ 새 제품으로 주세요.

❷ 품절입니다.

❸ 미국 달러로 지불해도 되나요?

❹ 각각 포장해 주세요.

❺ 쇼핑백 하나 주세요.

❻ 계산이 잘못된 것 같아요.

❼ 영수증 주세요.

❶ **우노 누에보**, 뽀르 파**보**르
Uno nuevo, por favor.

❷ 에스**따** 아고**따**도
Está agotado.

❸ 뿌**에**도 빠**가**르 엔 돌라레스 아메리**까**노스
¿Puedo pagar en dólares americanos?

❹ 엔부**엘**바 **까**다 우**노**, 뽀르 파**보**르
Envuelva cada uno, por favor.

❺ 우나 **볼**사, 뽀르 파**보**르
Una bolsa, por favor.

❻ 끄레오 께 라 꾸**엔**따 노 에스 꼬**ㄹ렉**따
Creo que la cuenta no es correcta.

❼ 엘 ㄹ레**씨**보, 뽀르 파**보**르
El recibo, por favor.

8-6 교환 및 환불하기

❶ 환불할 수 있나요?

❷ 사이즈를 교환하고 싶습니다.

❸ 여기 영수증 있습니다.

❹ 교환이나 환불은 안 됩니다. 👂

❺ 여기 얼룩이 있어요.

❻ 이 부분이 망가졌어요.

❼ 전혀 작동하지 않아요.

❶ 뿌**에**도 ㄹ레씨**비**르 엘 ㄹ레엠**볼**소
¿Puedo recibir el reembolso?

❷ 끼**에**로 깜비**아**르 라 **따**야
Quiero cambiar la talla.

❸ 아**끼** 띠**에**네 미 ㄹ레**씨**보
Aquí tiene mi recibo.

❹ 노 아이 **깜**비오스 니 데볼루씨**오**네스
No hay cambios ni devoluciones.

❺ 아**끼** 아이 **우나 만챠**
Aquí hay una mancha.

> 흠집: 운 데펙또 un defecto

❻ 에스**따** 빠르떼 에스**따** ㄹ로따
Esta parte está rota.

❼ 노 푼씨**오**나 **나**다
No funciona nada.

8-7 시장&마트 이용하기

❶ 가까운 슈퍼마켓이 어디 있나요?

❷ 사과 1킬로 당 얼마예요?
(숫자 표현 부록 200쪽 참고)

❸ 1킬로 주세요.
(숫자 표현 부록 200쪽 참고)

❹ 이거 뭐예요?

❺ 낱개로도 판매하나요?

❻ 유제품 코너가 어디 있나요?

❼ Q: 더 필요한 거 있으세요?
A: 아니요, 없습니다.

❽ 얼마예요?

❶ 돈데 아이 운 수뻬르메르**까**도 **쎄**르까 데 아**끼**

¿Dónde hay un supermercado cerca de aquí?

> 시장: 엘 메르**까**도 el mercado

❷ 꽌또 꾸에스따 운(1) 낄로 데 만**싸**나

¿Cuánto cuesta un(1) kilo de manzana?

> 딸기: 프레사 fresa　　키위: 끼위 kiwi　　파파야: 빠빠야 papaya
> 오렌지: 나랑하 naranja　포도: 우바 uva
> 복숭아: (스페인)멜로꼬똔 melocotón / (남미)두라쓰노 durazno

❸ 데메 운(1) 낄로, 뽀르 파보르

Deme un(1) kilo, por favor.

❹ **께** 에스 에스또

¿Qué es esto?

❺ 쎄 **벤**데 뽀르 우니**다**데스

¿Se vende por unidades?

❻ 돈데 에스**따** 라 쎅씨**온** 데 **락**떼오스

¿Dónde está la sección de lácteos?

> 냉동식품: 꽁헬라도스 congelados
> 음료: 베비다스 bebidas
> 주류: 알꼴 alcohol

❼ Q: **알**고 마스

¿Algo más?

A: **나**다 마스

Nada más.

❽ 꽌또 에스

¿Cuánto es?

스페인과 남미의 쇼핑 아이템

스페인에서 꼭 사야할 기념품

가죽제품	아르**띠**꿀로스 데 꾸**에**로 artículos de cuero
올리브유	아**쎄**이떼 데 올**리**바 aceite de oliva
국화꿀차 티백	만싸**니**야 꼰 미엘 manzanilla con miel
뚜론 (전통과자)	뚜ㄹ**론** turrón

남미에서 꼭 사야할 기념품

커피 (콜롬비아, 과테말라)	까**페** café
수공예품 (페루, 칠레, 콜롬비아)	아르떼싸**니**아 artesanía
알파카 제품 (페루)	아르**띠**꿀로스 데 알**빠**까 artículos de alpaca
떼낄라 (멕시코)	떼**낄**라 tequila
시가 (쿠바)	씨**가**ㄹ로 cigarro

멕시코 데낄라

스페인 가죽제품

스페인 뚜론

페루 수공예품

스페인 쇼핑 Tip!

- 기본적인 생필품(비누, 치약 등)은 '드로게**리**아 droguería'를 이용하세요.
- 담배나 우표 등은 '에스**땅**꼬 estanco'를 이용하세요.
- 잡지나 신문, 전화카드, 엽서 등 간단한 물건은 '끼**오**스꼬 quiosco'를 이용하세요.
- 스페인의 유일한 백화점은 '엘 **꼬**르떼 잉글**레**스 el corte inglés'입니다.
- 백화점은 보통 평일 오전 10시~오후 8시까지 운영하며, 일요일 및 공휴일에는 대부분 문을 열지 않습니다.
- 스페인의 세일 기간은 1~2월과 7~8월입니다. 세일 후반기로 갈수록 가격은 내려가지만, 찾는 물건이 없을 수도 있으니 현명하게 세일을 즐기세요.
- 백화점이나 전문점이 아닌 곳은 외국인에게 바가지를 씌우는 일이 있으니 가격을 꼭 확인한 후 구입하도록 주의합니다.

상점에서 흔히 보는 스페인어

미시오 / 당기시오	empuje 엠**뿌**헤 / jale할레, tire 띠레
영업중 / 닫힘	abierto 아비**에**르또 / cerrado 쎄**ㄹ**라도
점포 정리 할인	liquidación 리끼다씨**온**
중고품	segunda mano 쎄**군**다 **마**노 / usado 우**싸**도
최신 유행	última moda **울**띠마 **모**다
만지지 마시오	No tocar 노 또**까**르
홈메이드	casero 까**쎄**로
2 X 1	dos por uno 도스 뽀르 **우**노 *2개 품목을 사면 둘 중 높은 가격의 품목만 계산하는 할인 방식
특가	oferta 오**페**르따
핸드메이드	Hecho a mano 에쵸 아 **마**노

아르헨티나 부에노스아이레스

Capítulo 9

위급상황

- 9-1 분실
- 9-2 도난
- 9-3 기타 위급상황
- 9-4 병원&약국 이용하기 (1)
- 9-5 병원&약국 이용하기 (2)
- 9-6 병원&약국 이용하기 (3)
- 여행 시 주의 사항
- 고산병이 걸린다면?

✿ 필요할 때 통하는 단어

| 감기
그리뻬
gripe | 기침
또스
tos | 열
피에브레
fiebre |

| 소화불량
인디헤스띠온
indigestión | 화상
께마두라
quemadura | 머리
까베싸
cabeza |

| 위
에스또마고
estómago | 약
메디씨나
medicina | 약국
파르마씨아
farmacia |

| 야간 약국
파르마씨아 데 과르디아
farmacia de guardia | 아스피린
아스삐리나
aspirina | 연고
뽀마다
pomada |

| 구급차
암불란씨아
ambulancia | 도둑
라드론
ladrón | 경찰
뽈리씨아
policía |

| 한국 대사관
엠바하다 데 꼬레아
Embajada de Corea | 여권
빠싸뽀르떼
pasaporte | 휴대전화
(스페인) 모빌 **móvil**
(중남미) 쎌룰라르
celular |

9-1 분실

❶ 여권을 분실했습니다.

❷ 택시에 가방을 두고 내렸습니다.

❸ 분실물 센터가 어디 있나요?

❹ 어디서 분실했는지 모르겠어요.

❺ 여행자 보험에 가입되어 있습니다.

❻ 분실증명서를 써주세요.

❼ 가방 안에 여권과 돈이 있습니다.

❽ 제 지갑은 검은색이에요.
  (색깔 표현 부록 204쪽 참고)

❶ 쎄 메 아 뻬르**디**도 **엘 빠싸뽀**르떼

Se me ha perdido el pasaporte.

> 가방: 엘 **볼**소 el bolso
> 카메라: 라 까마라 la cámara
> 지갑: 라 까르**떼**라 la cartera
> 휴대폰:
> (스페인)엘 모빌 el móvil
> (중남미)엘 쎌룰라르 el celular
> 신용카드: 라 따르**헤**따 데 끄레디또
>   la tarjeta de crédito

❷ 에 데하도 엘 볼소 엔 **엘 딱**씨

He dejado el bolso en el taxi.

> 지하철: 엘 메뜨로 el metro

❸ **돈**데 에스**따** 라 오피**씨**나 데 오브헤또스 뻬르**디**도스

¿Dónde está la oficina de objetos perdidos?

❹ 노 쎄 **돈데** 로 에 뻬르**디**도

No sé dónde lo he perdido.

> 언제: 꽌도 cuándo

❺ **뗑**고 쎄**구**로 데 비**아**헤

Tengo seguro de viaje.

❻ **아**가메 운 쎄르띠피**까**도 데 **뻬**르디다, 뽀르 파**보**르

Hágame un certificado de pérdida, por favor.

❼ 아이 운 빠싸**뽀**르떼 이 디네로 엔 엘 볼소

Hay un pasaporte y dinero en el bolso.

❽ 미 까르**떼**라 에스 데 꼴**로**르 **네**그로

Mi cartera es de color negro.

9-2 도난

① 도와주세요!

② 도둑이야!

③ 경찰 좀 불러주세요.

④ 가까운 경찰서가 어디 있나요?

⑤ 가방을 도난당했습니다.

⑥ 마요르 광장에서 휴대폰을 도난당했습니다.

⑦ 도난 신고를 하고 싶습니다.

⑧ 영어할 줄 아는 사람 있나요?

❶ 아유데메
¡Ayúdeme!

❷ 라드론
¡Ladrón!

❸ **야**메 아 운 뽈리**씨**아, 뽀르 파**보**르
Llame a un policía, por favor.

❹ **돈**데 에스**따** 라 꼬미사**리**아 쎄르까 데 아**끼**
¿Dónde está la comisaría cerca de aquí?

❺ 메 안 ㄹ로**바**도 엘 볼소
Me han robado el bolso.

> 배낭: 라 모칠라 la mochila
> 가방: 엘 볼소 el bolso
> 카메라: 라 까마라 la cámara
> 지갑: 라 까르떼라 la cartera
> 휴대폰: (스페인)엘 모빌 el móvil
> (중남미)엘 쎌룰라르 el celular
> 신용카드: 라 따르헤따 데 끄레디또
> la tarjeta de crédito

❻ 메 안 ㄹ로**바**도 엘 **모**빌 엔 라 **쁠라**싸 마요르
Me han robado el móvil en la Plaza Mayor.

❼ 끼**에**로 데눈씨**아**르 운 ㄹ로보
Quiero denunciar un robo.

❽ 아이 **알**기엔 께 **아**블레 잉글레스
¿Hay alguien que hable inglés?

9-3 기타 위급상황

❶ 불이야!

❷ 문제가 생겼어요.

❸ 사고가 있었어요.

❹ 제 잘못이 아닙니다.

❺ 휴대폰을 빌릴 수 있을까요?

❻ 한국 대사관에 연락해 주세요.

❼ ATM기기에 제 카드가 걸렸어요.

❽ 필요시 이 번호로 연락주세요.

① 인쎈디오

¡Incendio!

② 뗑고 운 쁘로블레마

Tengo un problema.

③ 에 떼**니**도 운 악씨**덴**떼

He tenido un accidente.

④ 노 에스 미 **꿀**빠

No es mi culpa.

⑤ 메 쁘레스따 수 모**빌**, 뽀르 파**보**르

¿Me presta su móvil, por favor?

⑥ **야**메 아 라 엠바하다 데 꼬레아

Llame a la Embajada de Corea.

⑦ 엘 까**헤**로 쎄 아 뜨라**가**도 미 따르**헤**따

El cajero se ha tragado mi tarjeta.

⑧ 씨 네쎄**씨**따 꼰딱떼 꼰 **에**스떼 **누**메로

Si necesita, contacte con este número.

9-4 병원&약국 이용하기 (1)

❶ 몸이 별로 좋지 않아요.

❷ (아픈 부위를 가리키며) 여기가 아파요.

❸ 열이 나요.

❹ 기침을 해요.

❺ 설사를 해요.

❻ 머리가 아파요.

❼ 아파서 움직일 수가 없네요.

❽ 여기가 가려워요.

❶ 메 씨엔또 말
Me siento mal.

❷ 메 두엘레 아끼
Me duele aquí.

❸ 뗑고 피에브레
Tengo fiebre.

❹ 뗑고 또스
Tengo tos.

❺ 뗑고 디아ㄹ레아
Tengo diarrea.

❻ 뗑고 돌로르 데 까베싸
Tengo dolor de cabeza.

> 눈: 오호스 ojos
> 목(인후): 가르간따 garganta
> 치아: 디엔떼스 dientes
> 다리: 삐에르나스 piernas
> 등: 에스빨다 espalda
> 허리: 씬뚜라 cintura
> 위: 에스또마고 estómago
> 온몸: 또도 엘 꾸에르뽀 todo el cuerpo

❼ 노 뿌에도 모베르메 뽀르 엘 돌로르
No puedo moverme por el dolor.

❽ 메 삐까 아끼
Me pica aquí.

9-5 병원&약국 이용하기 (2)

❶ 콧물이 나와요.

❷ 감기에 걸렸어요.

❸ 화상을 입었어요.

❹ 고산병인 것 같아요.

❺ 제 혈액형은 A형입니다.

❻ 약국은 어디 있나요?

❼ 베드버그[빈대]에 물린 곳에 바르는 약이 필요합니다.

❽ 아스피린 주세요.

❶ 뗑고 **모꼬**스
Tengo mocos.

❷ 뗑고 그리**뻬**
Tengo gripe.

❸ 뗑고 께마**두**라
Tengo quemadura.

❹ 끄레오 께 에스 엘 말 데 알**뚜**라
Creo que es el mal de altura.

❺ 미 **띠**뽀 상**기**네오 에스 **아**
Mi tipo sanguíneo es A.

> B형: 베 B
> AB형: 아베 AB
> O형: 오 O

❻ **돈**데 에스**따** 라 파르**마**씨아
¿Dónde está la farmacia?

❼ 네쎄**씨**도 알고 **빠**라 삐까**두**라 데 **친**체
Necesito algo para picadura de chinche.

❽ 라스 아스뻬**리**나스, 뽀르 파**보**르
Las aspirinas, por favor.

9-6 병원&약국 이용하기 (3)

① 소화제 주세요.

② 어떻게 복용하나요?

③ 과음을 했어요.

④ 구급차를 불러주세요.

⑤ 토했어요.

⑥ 식후 하루 세 번 두 알씩 드세요.
(숫자 표현 부록 200쪽 참고)

⑦ 밴드 하나 주세요.

⑧ 진단서를 작성해 주세요.

① **데메 메디씨나 꼰뜨라 라 인디헤스띠온**
Deme medicina contra la indigestión.

② **꼬모 쎄 또마**
¿Cómo se toma?

③ 에 베**비**도 데마씨**아**도
He bebido demasiado.

④ **야**메 아 **우**나 암불란씨아
Llame a una ambulancia.

⑤ 에 보미**따**도
He vomitado.

⑥ 데스뿌**에**스 데 꼬메르 도스(2) 빠스띠야스 뜨레스(3) **베**쎄스 알 **디**아
Después de comer, dos(2) pastillas tres(3) veces al día.

⑦ **우**나 띠**리**따, 뽀르 파**보**르
Una tirita, por favor.

⑧ **아**가메 운 쎄르띠피**까**도 메디꼬, 뽀르 파보르
Hágame un certificado médico, por favor.

여행 시 주의 사항

스페인
- 주요 관광지에서는 항상 소매치기를 조심하세요. 길을 찾기 위해 지도나 스마트폰을 보는 사이 다른 소지품을 가져가는 경우도 흔합니다. 이물질 등을 뿌리고 도움을 주는 척하며 소매치기를 하는 일이 많으니 당황하지 말고 우선은 상대방을 경계하며 주변을 살펴보세요.
- 휴대폰이나 카메라와 같은 작은 물품은 늘 소지하세요. 카페나 식당의 테이블 위에 올려둘 경우 예의주시해야 합니다.
- 갑자기 말을 걸거나 과도한 친절을 보이는 사람은 더욱 조심하세요.
- 렌트카 이용 시 차내에 귀중품은 두지 않도록 합니다.
- 마드리드의 아토차역 부근, 바르셀로나 람블라스 거리, 바르셀로나 산츠역 부근, 몬주익 언덕, 그라나다의 알바이신 지구 등은 특히 밤에 혼자 다니지 않도록 합니다.

남미
- 길거리에서 여권을 보여 달라고 하거나 알 수 없는 벌금을 부과하겠다고 돈을 요구하며 경찰을 사칭하는 경우가 많습니다.
- 택시를 이용할 경우 되도록 정식 등록된 택시를 이용하세요. 비용은 조금 더 들지만 안전이 최고입니다.
- 공항이나 터미널 근처의 숙소보다는 시내 중심가 또는 번화가에 위치한 숙소를 이용하세요.
- 여행을 즐기는 것도 중요하지만 항상 경계심을 갖고 소매치기가 많다는 점을 절대 간과해서는 안 됩니다.
- 모르는 사람이 건네는 음료나 음식은 함부로 먹지 않습니다.
- 칠레 국경을 넘을 때는 식료품의 반입과 반출에 대한 검사가 철저합니다. 벌금도 많고 여행 일정에도 영향을 주므로 실수하지 않도록 합니다.

고산병이 걸린다면?

- 고산병은 개인마다 다르지만 구토나 몸살기운, 어지러움, 두통, 불면증 등의 증상을 보입니다.
- 고산병 증상은 며칠 적응기간을 보내면 나아지지만 그렇지 않은 경우도 많기 때문에 미리 대비하는 것이 좋습니다.
- 고산지역에 도착한 경우 바로 여행을 시작하기보다는 우선 편안한 휴식을 취하는 것이 중요합니다.
- 페루 고산지역의 식당에서는 '마떼 데 꼬까 Mate de Coca'라는 차를 판매합니다. 고산병 증상을 완화시키는 데 도움을 주므로 마셔두는 게 좋습니다.
- 페루 대부분의 약국에서 저렴하게 파는 '쏘로체 삘 Soroche pill'을 구입하여 복용합니다.
- 관광 시 천천히 걷고, 틈틈이 수분을 많이 섭취하기를 권장합니다.

페루 콜카캐니언

Capítulo 10

귀국

- **10-1** 항공편 예약하기
- **10-2** 항공편 예약 변경 및 취소하기
- **10-3** 공항 체크인하기
- **10-4** 공항 비상상황
- 세금 환급(Tax Refund)
- 국가별 응급 번호

🌼 필요할 때 통하는 단어

국내선
부엘로 나씨오날
vuelo nacional

국제선
부엘로 인떼르나씨오날
vuelo internacional

수속 카운터
모스뜨라도르
mostrador

직항
부엘로 디렉또
vuelo directo

경유지
에스깔라
escala

연결편 항공
부엘로 데 꼬넥씨온
vuelo de conexión

출발 시간
오라 데 쌀리다
hora de salida

도착 시간
오라 데 예가다
hora de llegada

지연
르레뜨라소
retraso

탑승권
따르헤따 데 엠바르께
tarjeta de embarque

탑승구
뿌에르따
puerta

터미널
떼르미날
terminal

수하물
에끼빠헤 데 마노
equipaje de mano

면세점
띠엔다 리브레 데 임뿌에스또스
tienda libre de impuestos

예약
르레세르바씨온
reservación

10-1 항공편 예약하기

① 마드리드에서 서울까지 가는 항공편을 예약하고 싶습니다.

② 5월 2일 오전 항공편으로 있나요?
(날짜 표현 부록 203쪽 참고)

③ 직항이 있나요?

④ 경유지를 한 번 지나는 비행기만 있습니다. 👂
(숫자 표현 부록 200쪽 참고)

⑤ 출발 시간은 몇 시인가요?

⑥ 도착 시간은 몇 시인가요?

⑦ 다음 비행기는 언제 출발 하나요?

⑧ 예약을 확인하고 싶습니다.

❶ 끼**에**로 ㄹ레세르**바**르 운 부**엘**로 데 마드**릳** 아 쎄**울**
Quiero reservar un vuelo de Madrid a Seúl.

❷ 아이 부**엘**로스 엘 **도**스(2) 데 **마**요(5월) 뽀르 라 마**냐**나
¿Hay vuelos el dos(2) de mayo(5월) por la mañana?

> 오후: 뽀르 라 따르데 por la tarde
> 새벽: 뽀르 라 마드루가다 por la madrugada
> 밤: 뽀르 라 노체 por la noche

❸ 아이 부**엘**로스 디렉**또**스
¿Hay vuelos directos?

❹ **쏠**로 아이 부**엘**로스 꼰 **우나**(1) 에스**깔**라
Solo hay vuelos con una(1) escala.

❺ 꾸**알** 에스 라 **오**라 데 쌀**리**다
¿Cuál es la hora de salida?

❻ 꾸**알** 에스 라 **오**라 데 예**가**다
¿Cuál es la hora de llegada?

❼ 아 께 **오**라 **쌀**레 엘 씨**겐**떼 부**엘**로
¿A qué hora sale el siguiente vuelo?

❽ 끼**에**로 꼰피르**마**르 미 부**엘**로
Quiero confirmar mi vuelo.

10-2 항공편 예약 변경 및 취소하기

① 예약을 변경하고 싶습니다.

② 예약을 취소하고 싶습니다.

③ 여기 예약코드가 있습니다.

④ 출발 날짜를 변경하고 싶습니다.

⑤ 더 늦은 비행기로 변경하고 싶습니다.

⑥ 예약 변경에 따른 수수료가 있나요?

⑦ 제 개인 정보를 변경할 수 있나요?

❶ 끼**에**로 깜비**아**르 미 ㄹ레**세**르바

Quiero cambiar mi reserva.

❷ 끼**에**로 깐쎌**라**르 미 ㄹ레**세**르바

Quiero cancelar mi reserva.

❸ 아**끼** 띠**에**네 엘 **꼬**디고 데 ㄹ레**세**르바

Aquí tiene el código de reserva.

❹ 끼**에**로 깜비**아**르 라 **페**챠 데 쌀**리**다

Quiero cambiar la fecha de salida.

❺ 끼**에**로 깜비**아**르 아 운 부**엘**로 마스 **따르데**

Quiero cambiar a un vuelo más tarde.

> 이른: 뗌쁘라노 temprano

❻ 아이 꼬미씨**오**네스 뽀르 **깜**비오스

¿Hay comisiones por cambios?

❼ 뿌**에**도 깜비**아**르 미스 **다**또스 뻬르소**날**레스

¿Puedo cambiar mis datos personales?

10-3 공항 체크인하기

❶ OO 항공 카운터는 어디 있나요?

❷ 창가 좌석으로 부탁합니다.

❸ 앞자리로 부탁합니다.

❹ 이것을 가지고 탑승하고 싶습니다.

❺ 각 수하물의 허용 무게는 얼마죠?

❻ 24번 탑승구는 어디 있나요?
(숫자 표현 부록 200쪽 참고)

❼ 어느 터미널로 가야하나요?

❶ **돈**데 에스**따** 엘 모스뜨라**도**르 데 OO
¿Dónde está el mostrador de OO?

---

❷ 아씨**엔**또 데 **벤따니야**, 뽀르 파**보**르
Asiento de ventanilla, por favor.

> 통로: 빠씨요 pasillo

---

❸ 아씨**엔**또 엔 라 **빠**르떼 델란**떼**라, 뽀르 파**보**르
Asiento en la parte delantera, por favor.

---

❹ 끼**에**로 예**바**르 에스또 엔 엘 아비**온**
Quiero llevar esto en el avión.

---

❺ 꾸알 에스 엘 뻬소 **막**씨모 데 **까**다 에끼**빠**헤
¿Cuál es el peso máximo de cada equipaje?

---

❻ **돈**데 에스**따** 라 뿌**에**르따 **누**메로 베인띠**꽈**뜨로(24)
¿Dónde está la puerta número veinticuatro(24)?

---

❼ 아 **께** 떼르미**날** 뗑고 께 이르
¿A qué terminal tengo que ir?

10-4 공항 비상상황

① 그라나다로 가는 연결 편을 놓쳤습니다.

② OO 항공편이 취소되었는데, 어떻게 하나요?

③ 탑승권을 잃어버렸습니다.

④ 서울로 가는 OO 항공편이 지연되었습니다. 👂

⑤ 얼마나 지연되나요?

⑥ 터미널을 잘못 왔습니다.

⑦ 지연에 대한 보상은 없나요?

❶ 에 뻬르**디**도 엘 부**엘**로 데 꼬넥씨**온** 아 그라**나**다
He perdido el vuelo de conexión a Granada.

❷ 쎄 아 깐쎌**라**도 엘 부**엘**로 OO, **께** 아고
Se ha cancelado el vuelo OO. ¿Qué hago?

❸ 에 뻬르**디**도 미 따르**헤**따 데 엠**바**르께
He perdido mi tarjeta de embarque.

❹ 쎄 아 ㄹ레뜨라**사**도 엘 부**엘**로 OO 빠라 **쎄**울
Se ha retrasado el vuelo OO para Seúl.

❺ **꽌**또 띠**엠**뽀 쎄 ㄹ레뜨**라**사
¿Cuánto tiempo se retrasa?

❻ **비**네 아 라 떼르미**날** 에끼보**까**다
Vine a la terminal equivocada.

❼ 노 아이 알**구**나 꼼뻰사씨**온** 뽀르 엘 ㄹ레뜨**라**소
¿No hay alguna compensación por el retraso?

 세금 환급(Tax Refund)

- 한 매장에서 또는 같은 체인점에서 약 92€ 이상 구매 시 세금 환급을 받을 수 있습니다.
- EU 가입국 중 여러 나라를 여행한 경우에는 EU를 벗어나는 마지막 나라에서 세금 환급을 한꺼번에 신청할 수 있습니다.
- 스페인의 경우 '엘 꼬르떼 잉글레스' 백화점에서는 합산 금액으로도 가능하며, 백화점에 위치한 세금 환급 업무 코너에서 관련 서류를 받을 수 있습니다.
- FC 바르셀로나의 홈구장인 '깜프 누'내에 위치한 '메가스토어'에서 기념품을 구입한 후에는 계산대 옆의 세금 환급 창구에서 바로 환급을 받을 수 있습니다.
(이 경우에도 이미 환급 처리된 서류와 영수증을 공항에 한 번 더 제출해야 합니다.)
- 세금 환급 방법

  ① 매장에서 직원에게 '데볼루씨온 데 이바 Devolución de IVA'를 요청하면 여권 확인 후 관련 서류를 작성해 줍니다. 이 서류와 영수증들을 모아서 공항의 세금 환급 창구에 제출합니다. (대기시간이 긴 경우가 많으므로 미리 도착하여 처리해야 합니다.)

  ② 세금 환급 업무 처리 시 구입한 물건을 직접 보여 달라고 하는 경우도 있으므로 수하물을 위탁하기 전에 세금 환급을 먼저 받아야 합니다.

  ③ 매장에서 받아온 세금 환급 관련 서류와 영수증, 여권, 항공권을 준비하여 공항의 세금 환급 창구로 가서 도장을 받습니다.

  ④ 환급 담당 창구에서 환급 방법을 선택하면 세금 환급 처리는 끝납니다. 환급은 신용카드와 현금 중 선택할 수 있는데, 현금의 경우 수수료가 많고 신용카드의 경우 환급 소요기간이 오래 걸리는 단점이 있습니다.

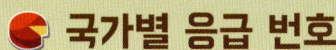 국가별 응급 번호

스페인	112
멕시코	066
콜롬비아	123
페루	105
아르헨티나	101
칠레	133
볼리비아	110
베네수엘라	123

부록

🌼 숫자

🌼 시간

🌼 요일&날짜&기간

🌼 색깔

🌼 나라 이름

🌼 자주 보이는 안내판 & 표지판

1 숫자

★ 기본 숫자

1	우노 uno	11	온쎄 once
2	도스 dos	12	도쎄 doce
3	뜨레스 tres	13	뜨레쎄 trece
4	꽈뜨로 cuatro	14	까또르쎄 catorce
5	씽꼬 cinco	15	낀쎄 quince
6	쎄이스 seis	16	디에씨쎄이스 dieciséis
7	씨에떼 siete	17	디에씨씨에떼 diecisiete
8	오쵸 ocho	18	디에씨오쵸 dieciocho
9	누에베 nueve	19	디에씨누에베 diecinueve
10	디에쓰 diez	20	베인떼 veinte
21	베인띠우노 veintiuno	200	도스씨엔또스 doscientos
25	베인띠씽꼬 veinticinco	300	뜨레스씨엔또스 trescientos
30	뜨레인따 treinta	400	꽈뜨로씨엔또스 cuatrocientos
40	꽈렌따 cuarenta	500	끼니엔또스 quinientos
50	씽꾸엔따 cincuenta	600	쎄이스씨엔또스 seiscientos
60	쎄쎈따 sesenta	700	쎄떼씨엔또스 setecientos
70	쎄뗀따 setenta	800	오쵸씨엔또스 ochocientos
80	오첸따 ochenta	900	노베씨엔또스 novecientos
90	노벤따 noventa	1000	밀 mil
100	씨엔 cien	0	쎄로 cero

* 31~99는 '십의 단위 + y + 일의 단위' 방식으로 표기합니다.
  ex 35: 뜨레인따 이 씽꼬 treinta y cinco

* 큰 단위의 숫자

10.000	디에쓰 밀 diez mil
100.000	씨엔 밀 cien mil
1.000.000	운 미욘 un millón
10.000.000	디에쓰 미요네스 diez millones
1.000.000.000	씨엔 미요네스 cien millones

* 스페인어는 천 단위마다 마침표(.)로 표기하므로, 우리나라와는 다른 방식임을 주의하세요.

* 서수

첫번째	쁘리메로 primero
두번째	쎄군도 segundo
세번째	떼르쎄로 tercero
네번째	꽈르또 cuarto
다섯번째	낀또 quinto
여섯번째	쎅스또 sexto
일곱번째	쎕띠모 séptimo
여덟번째	옥따보 octavo
아홉번째	노베노 noveno
열번째	데씨모 décimo

* 서수는 주로 건물의 '층'을 표현할 때 쓰입니다.

2 시간

★ 시간 묻기

| 몇 시 입니까? | 께 오라 에스 ¿Qué hora es? |

★ 시간 대답하기

(1) 'OO시입니다.'

1시: 라 **우나** la una 2시: 라스 도스 las dos 3시: 라스 트레스 las tres
4시: 라스 **꽈뜨로** las cuatro 5시: 라스 **씽꼬** las cinco 6시: 라스 쎄이스 las seis
7시: 라스 씨**에**떼 las siete 8시: 라스 **오**쵸 las ocho 9시: 라스 누에베 las nueve
10시: 라스 디에쓰 las diez 11시: 라스 **온**쎄 las once 12시: 라스 **도**쎄 las doce

1시입니다.	에스 라 **우나** Es la una.
2시입니다.	쏜 라스 도스 Son las dos.
3시입니다.	쏜 라스 뜨레스 Son las tres.
⋮	
11시입니다.	쏜 라스 **온**쎄 Son las once.
12시입니다.	쏜 라스 **도**쎄 Son las doce.

(2) 'OO시 △△분입니다.'

1시 10분입니다.	에스 라 **우나** 이 디에쓰 Es la una y diez.
1시 15분입니다.	에스 라 **우나** 이 **꽈르또** Es la una y cuarto.
1시 30분입니다.	에스 라 **우나** 이 **메디아** Es la una y media.

(3) 'OO시 △△분 전입니다.'

* 스페인어로 시간을 말할 때, 보통 30분 이후부터는 'OO시 ~분 전'으로 표현합니다.

| 2시 15분전입니다.
(실제 1시 45분) | 쏜 라스 도스 **메노스 꽈르또**
Son las dos menos cuarto. |
| 3시 5분전입니다.
(실제 2시 55분) | 쏜 라스 뜨레스 **메노스 씽꼬**
Son las tres menos cinco. |

3 요일 & 날짜 & 기간

★ 요일

Q: 오늘은 무슨 요일인가요?   께 디아 에스 오이   ¿Qué día es hoy?
A: <u>월요일</u>입니다.   에스 <u>루네쓰</u> Es <u>lunes</u>.

월	lunes 루네쓰	금	viernes 비에르네쓰
화	martes 마르떼쓰	토	sábado 싸바도
수	miércoles 미에르꼴레쓰	일	domingo 도밍고
목	jueves 후에베쓰		

★ 날짜

Q: 오늘은 며칠인가요?   께 페챠 에스 오이 ¿Qué fecha es hoy?
A: <u>6월 15일</u>입니다.   에스 <u>낀쎄</u> 데 <u>후니오</u> Es <u>quince(15)</u> de <u>junio(6월)</u>.

1월	enero 에네로	7월	julio 훌리오
2월	febrero 페브레로	8월	agosto 아고스또
3월	marzo 마르쏘	9월	septiembre 쎕띠엠브레
4월	abril 아브릴	10월	octubre 옥뚜브레
5월	mayo 마요	11월	noviembre 노비엠브레
6월	junio 후니오	12월	diciembre 디씨엠브레

★ 기간

오늘	hoy 오이	이틀	dos días 도스 디아스
하루 종일	todo el día 또도 엘 디아	주	semana 쎄마나
매일	todos los días 또도스 로스 디아스	일주일	una semana 우나 쎄마나
어제	ayer 아예르	주말	fin de semana 핀 데 쎄마나
그저께	anteayer 안떼아예르	월	mes 메쓰
내일	mañana 마냐나	한달	un mes 운 메쓰
모레	pasado mañana 빠사도 마냐나	연	año 아뇨
하루	un día 운 디아	일년	un año 운 아뇨

4 색깔

- 르로호 rojo (빨간색)
- 나랑하 naranja (주황색)
- 아마리요 amarillo (노란색)
- 베르데 verde (초록색)
- 아쑬 azul (파란색)
- 블랑꼬 blanco (흰색)
- 네그로 negro (검은색)
- 그리스 gris (회색)
- 마르론 marrón (갈색)
- 르로사 rosa (분홍색)

5 나라 이름

국명		국적형용사	
		남성	여성
독일	알레**마**니아 Alemania	알레**만** alemán	알레**마**나 alemana
아르헨티나	아르헨**띠**나 Argentina	아르헨**띠**노 argentino	아르헨**띠**나 argentina
볼리비아	볼리비아 Bolivia	볼리비**아**노 boliviano	볼리비**아**나 boliviana
칠레	**칠**레 Chile	칠레노 chileno	칠레나 chilena
중국	**치**나 China	**치**노 chino	**치**나 china
콜롬비아	꼴**롬**비아 Colombia	꼴롬비**아**노 colombiano	꼴롬비**아**나 colombiana
한국	꼬레아 Corea	꼬레**아**노 coreano	꼬레**아**나 coreana
쿠바	**꾸바** Cuba	꾸**바**노 cubano	꾸**바**나 cubana
에콰도르	에꽈**도**르 Ecuador	에꽈또리**아**노 ecuatoriano	에꽈또리**아**나 ecuatoriana
스페인	에스**빠**냐 España	에스빠**뇰** español	에스빠**뇰**라 española
프랑스	프**랑**씨아 Francia	프랑**쎄**스 francés	프랑**쎄**사 francesa
과테말라	과떼**말**라 Guatemala	과떼말**떼**꼬 guatemalteco	과떼말**떼**까 guatemalteca
영국	잉글라**떼**ㄹ라 Inglaterra	잉글**레**스 inglés	잉글**레**사 inglesa
이탈리아	이**딸**리아 Italia	이딸리**아**노 italiano	이딸리**아**나 italiana
일본	하**뽄** Japón	하뽀**네**스 japonés	하뽀**네**사 japonesa
멕시코	**메**히꼬 México	메히**까**노 mexicano	메히**까**나 mexicana
페루	**뻬루** Perú	뻬루**아**노 peruano	뻬루**아**나 peruana
포르투갈	뽀르뚜**갈** Portugal	뽀르뚜**게**스 portugués	뽀르뚜**게**사 portuguesa
베네수엘라	베네쑤**엘**라 Venezuela	베네쏠**라**노 venezolano	베네쏠**라**나 venezolana
캐나다	까나**다** Canadá	까나디**엔**세 (남.여 동형) canadiense	
미국	에스**따**도스 우**니**도스 Estados Unidos	에스따도우니**덴**세 (남.여 동형) estadounidense	

6 자주 보이는 안내판 & 표지판

Pare	빠레	멈추시오
Zona Peatonal	쏘나 뻬아또날	보행자 전용 구역
Agua no potable	아구아 노 뽀따블레	식음 불가
WiFi Gratis	위피 그라띠스	무선인터넷 무료
No pisar el césped	노 삐싸르 엘 쎄스뻳	잔디를 밟지 마시오
Prohibido comer y beber	쁘로이비도 꼬메르 이 베베르	음식물 반입 금지
Prohibido aparcar	쁘로이비도 아빠르까르	주차 금지
Prohibido entrar	쁘로이비도 엔뜨라르	출입 금지
Prohibido pasar	쁘로이비도 빠사르	통행 금지
Silencio	씰렌씨오	정숙
No funciona / Fuera de servicio	노 푼씨오나 / 푸에라 데 쎄르비씨오	고장
Cuidado al bajar	꾸이다도 알 바하르	내릴때 조심
No fumar	노 푸마르	금연
Damas	다마스	숙녀
Caballeros	까바예로스	신사
Recién pintado	ㄹ레씨엔 삔따도	칠 주의
Reservado	ㄹ레세르바도	예약

필요할 때 통하는 여행 스페인어

초판발행	2018년 5월 28일
2쇄 발행	2024년 4월 19일
저자	신승
펴낸이	엄태상
편집	권이준, 김아영
디자인	이건화
조판	이서영
콘텐츠 제작	김선웅, 장형진
마케팅본부	이승욱, 왕성석, 노원준, 조성민, 이선민
경영기획	조성근, 최성훈, 김다미, 최수진, 오희연
물류	정종진, 윤덕현, 신승진, 구윤주
펴낸곳	랭기지플러스
주소	서울시 종로구 자하문로 300 시사빌딩
주문 및 교재 문의	1588-1582
팩스	0502-989-9592
홈페이지	www.sisabooks.com
이메일	book_etc@sisadream.com
등록일자	2000년 8월 17일
등록번호	제300-2014-90호

ISBN 978-89-5518-573-7 (13770)

* 이 책의 내용을 사전 허가 없이 전재하거나 복제할 경우 법적인 제재를 받게 됨을 알려 드립니다.
* 잘못된 책은 구입하신 서점에서 교환해 드립니다.
* 정가는 표지에 표시되어 있습니다.